Die schönsten
TREKKING-TOUREN
der Welt

JACK JACKSON

Die schönsten TREKKING-TOUREN *der Welt*

20 ausgewählte Routen

Christian Verlag

Aus dem Englischen übersetzt von Natascha Afanassjew
Redaktion und Herstellung: via-Redaktion, München
Satz: Carmen Marchwinski, München
Umschlaggestaltung: Horst Bätz, München

www.christian-verlag.de

Die Originalausgabe mit dem Titel *The World's Great Adventure Treks*
wurde erstmals 2003 im Verlag New Holland Publishers (UK) Ltd, London,
veröffentlicht.

Design: Peter Bosman
Kartografie: Carl Germishuys
Illustration: Maryna Beukes, Steven Felmore
Bildredaktion: Karla Kik

Druck und Bindung: Tien Wah Press Ltd, Singapore
Printed in Singapore

ISBN 3-88472-568-8

HINWEIS
Alle Informationen und Hinweise, die in diesem Buch enthalten sind, wurden von den Autoren nach bestem Wissen erarbeitet und von ihnen und dem Verlag mit größtmöglicher Sorgfalt überprüft. Unter Berücksichtigung des Produkthaftungsrechts müssen wir allerdings darauf hinweisen, dass inhaltliche Fehler oder Auslassungen nicht völlig auszuschließen sind. Für etwaige fehlerhafte Angaben können Autoren, Verlag und Verlagsmitarbeiter keinerlei Verpflichtung und Haftung übernehmen.

Korrekturhinweise sind jederzeit willkommen und werden gerne berücksichtigt.

SCHMUTZTITEL *Trekker überschreiten den Eau Glacier in der Nähe des Whitecomb River in den Southern Alps von Neuseeland.*

VORHERGEHENDE SEITEN *Vorsicht Glatteis! Bergwanderer auf einer dick verschneiten Hängebrücke über den Hevek im türkischen Kaçkar-Massiv.*

OBEN *Ein Lager am Vista Pass in der Bridger Wilderness in der Wind River Range. Durch diesen Teil der Rockies in Wyoming führt der Highline Trail.*

FOLGENDE SEITEN *Eine Gruppe überquert auf 4500 m Höhe eine vulkanische Fläche vor dem Aufstieg zum Kibo-Krater am Kilimandscharo (Tansania).*

INHALT

OBEN *In der kargen Bergregion von Ladakh im Norden Indiens friert jeden Winter ein Teil des Zanskar River zu. Dann nutzen Einheimische die »Eisbahn«, um zu anderen Dörfern zu gelangen.*

GRÖNLAND
Baffin Bay
Alaska
Anchorage
Zu Fuß durch Alaska (S. 40)
Great Bear Lake
Great Slave Lake
Lake Athabasca
Hudson Bay
KANADA
Lake Winnipeg
Continental Divide Trail (S. 46)
Sawtooth Traverse (S. 34)
Montana
Idaho
Wyoming
Highline Trail (S. 28)
Kalifornien
Große Seen
San Francisco
Evolution Loop (S. 22)
Phoenix
VEREINIGTE STAATEN VON AMERIKA
Washington DC
London
Jakobs
(S. 10
Picos de Europa (S. 106)
Madrid
SPANI
Golf von Mexiko
MEXIKO
KUBA
Antillen
Karibisches Meer
PAZIFISCHER OZEAN
N
PERU
Lima
Inka-Trail (S. 60)
SÜD-AMERIKA
CHILE
Santiago de Chile
LEGENDE
Beschriebene Trekkingrouten
Hauptstadt oder Großstadt
2000
4000 Meilen
2000
4000
6000 Kilometer
El Valle Exploradores (S. 54)
ATLANTISCHER OZEAN

ASIEN
Baikal-See
Kharkhiraa & Turgen (S. 92)
Ulaanbaatar
MONGOLEI
Balkash-See
Aral-See
UROPA
kholm
Kaspisches Meer
Schwarzes Meer
GRIECHENLAND
Ankara
Athen
l. Pindos-
ebirge
S. 112)
TÜRKEI
Kaçkar Pontisches Gebirge (S. 68)
Iráklion
Kreta
Über den Rücken Kretas (S. 118)
Lukpe La (S. 74)
Islamabad
Zanskar River (S. 80)
CHINA
Paro-Chhu-Tal: Tigernest & Heiliger Berg (S. 86)
PAKISTAN
New Delhi
BHUTAN
PAZIFISCHER OZEAN
AHARA
Rotes Meer
INDIEN
Hong Kong
PHILIPPINEN
AFRIKA
SRI LANKA
Victoria-See
INDONESIEN
TANSANIA
Kilimandscharo (S. 146)
PAPUA-NEUGUINEA
Tanganjika-See
Dodoma
Darwin
Timorsee
Hinchinbrook Island
Thorsborne Trail (S. 126)
Great Barrier Reef
INDISCHER OZEAN
Johannesburg
AUSTRALIEN
SÜD-AFRIKA
Northern Drakensberg (S. 140)
Durban
Kapstadt
Perth
Sydney
NEUSEELAND
Wellington
Tasmanien
Tasmansee
Aoraki/Arthur's Pass (S. 132)

EINLEITUNG

JACK JACKSON

Was heißt heute eigentlich Trekking? Das englische Wort *trek* bezeichnete ursprünglich lange »Reisen« mit Ochsenwagen. In Wörterbüchern finden sich Einträge wie »lange, oft beschwerliche Reise«, und zwar meist in mehreren Etappen. Außerdem schwingt (fast) immer der Gedanke an Abenteuer und sogar Risiko mit. In diesem Buch haben wir uns auf Trekking-Touren konzentriert, die zu Fuß unternommen werden. Im englischen Sprachraum fallen Aktivitäten dieser Art unter den beliebten Begriff des *Adventure Trekking*, der individuellen mehrtägigen oder mehrwöchigen (Berg-)Wanderungen. Trekkern mit wenig Bergerfahrung wird der relativ einfache Inka-Trail in Peru oder die Durchquerung Kretas ebenso »abenteuerlich« erscheinen wie Alpinisten eine Tour im nordindischen Hochgebirge, religiöse Menschen werden sich hingegen eher von einer alten Pilgerroute angezogen fühlen.

Mit Ausnahme des Jakobswegs haben wir uns bei der Zusammenstellung der Touren für folgende Kriterien entschieden:

1 Die Tour muss in einer Region liegen, die nicht regelmäßig begangen wird, was natürlich nicht für die einheimische Bevölkerung gilt.
2 Die Tour verlangt sorgfältige Planung und/oder fachkundige Führung.
3 In dem Gebiet, durch das man geht, gibt es nur wenig Infrastruktur.
4 Die Tour führt durch außergewöhnliches Gelände.
5 Von ihrem Ausgangspunkt bis zum Ende dauert die Trekking-Tour (und nicht der Aufenthalt in der Gegend) mindestens fünf Tage.
6 Die zurückgelegte Strecke beträgt wenigstens 80 km. Bis zu einem gewissen Grad spielen hierbei allerdings die Schwierigkeit des Geländes und die Anzahl der Auf- und Abstiege eine Rolle.
7 Auch in punkto Fitness und Durchhaltevermögen ist der Trail eine ungewöhnliche Herausforderung.
8 Die Tour darf nicht zu hohe technische Anforderungen stellen, also keine speziellen Fertigkeiten, wie zum Beispiel Eisklettern, verlangen (jedenfalls nicht von der Mehrzahl der Trekker auf organisierten Touren).
9 Die Tour sollte ein gewisses Maß an Risiko, gewisse Elemente des Unbekannten oder Unerwarteten beinhalten.

Beleuchten wir noch einmal die Punkte 7 und 9. Was die körperliche Fitness betrifft, überfordern sich viele am ersten Tag, haben am zweiten Tag starke Muskelschmerzen, fühlen sich am dritten Tag jedoch wieder besser und sind dann fit genug für den Rest der Tour. (Bei organisierten Touren ist die erste Etappe meist so geplant, dass Teilnehmer mit schlechter Konstitution problemlos wieder zum Ausgangspunkt zurückgebracht werden können.) Mit der psychischen Verfassung verhält es sich genau umgekehrt: Manche Menschen fühlen sich mit zunehmender Höhe immer unwohler, andere schlafen nachts schlecht und werden nach einer Woche unruhiger Nächte missmutig oder stürzen und erleiden dabei Knochenbrüche. Heikel wird es außerdem, wenn Teilnehmer, die auf Medikamente angewiesen sind, diese vergessen haben.

Zum Vergnügen einer derartigen Tour gehört immer auch ein gewisses Risiko, eine echte Herausforderung, beispielsweise ein rutschiger Bergpfad, der auf einer Seite steil abfällt, die Überquerung eines schmalen hohen Grats bei starkem Wind oder eine Flussdurchquerung bei eisigen Temperaturen. Normales Trekking kann sogar mit minimaler Ausrüstung ein Vergnügen sein: Man muss nur Karten lesen und einen Kompass benutzen können.

OBEN *Gespräche im Schnee ... im Çaymakur-Tal, durch das auch die Trekking-Tour im Kaçkar-Massiv im Pontischen Gebirge (Türkei) führt.*

OBEN *Ein Höhenweg unter dem Giant's Castle vor der Kulisse des beeindruckenden Drakensberg-Massivs, KwaZulu-Natal, Südafrika.*

Allerdings haben Satelliten sowie Hightech-Ausrüstung und -Kleidung während der letzten 40 Jahren für große Veränderungen gesorgt. In den 1960ern war in vielen Ländern die Veröffentlichung exakter Karten zur zivilen Nutzung verboten. Mein bestes Material für Afghanistan und die Sahara waren Flugkarten – aber deren Maßstab kaum geeignet, Trekking-Routen zu bestimmen! Außerdem waren die Kommunikationsmöglichkeiten sehr begrenzt: Einige Militärposten hatten Feldtelefone, doch sie funktionierten nicht zuverlässig.

Anfang der 1970er-Jahre besaßen viele abgelegene Siedlungen bereits Satellitenfunkstationen (angetrieben durch Dieselgeneratoren). Die Benutzung entsprach einem Schiffsradio: Man sprach, wartete einige Sekunden, hörte ein Echo der eigenen Stimme und dann die Antwort. Mancherorts ist die Telekommunikation selbst heute sehr primitiv, aber für alle, die es sich leisten können, gibt es tragbare Satellitentelefone und Bildübertragungssysteme, die man selbst auf dem Mount Everest einsetzen kann. Nützlicher sind allerdings Global-Positioning-System-Empfänger (GPS). Sofern keine dichten Bäume oder hohen Bergen stören, können wir heute alle die ursprünglich nur dem Militär zugänglichen Satellitensignale empfangen, die eine bis auf wenige Meter genaue Positionsbestimmung ermöglichen. Immer wieder aber versagen Geräte und Batterien. Daher sollte man Ersatz für beides dabei haben.

Für die meisten Trekking-Regionen erhält man inzwischen großmaßstäbige Karten, neue Technologien haben uns leichtere Kleidung, Trekking-Stiefel, Zelte und Kochutensilien beschert. Die Rucksäcke wurden verbessert, Wanderstöcke mindern die Belastung für Knie und Rücken beim Abstieg, und auch die dehydrierte Kost basiert auf neuen wissenschaftlichen Erkenntnissen. All dies ermöglicht uns längere und anspruchsvollere Touren und verbesserte Transportsysteme erleichtern den Zugang zu entlegeneren Regionen, wobei

OBEN *Wanderer auf einem Pfad hoch über dem Paro Chhu im Norden Bhutans. »Höhepunkt« der Tour ist der gigantische Chomolhari im Himalaja.*

An- und Abreise je nach Tour selbst arrangiert werden müssen. Trekking braucht dennoch kein reines Wildnisabenteuer zu sein. Es kann durchaus regelmäßig Unterkünfte geben, obwohl Hütten oder Siedlungen mitunter weit auseinander liegen. Treks sind keine Klettertouren. An manchen Stellen muss man vielleicht ein wenig klettern oder Steigeisen tragen, doch Kletter- und Gletschererfahrung sind im Allgemeinen nicht nötig.

RUCKSACKTOUREN

In bewohnten Gebieten gibt es für Bergwanderer lokale Übernachtungsmöglichkeiten, sodass keine Zelte, Kochutensilien und Lebensmittel erforderlich sind. Die regionalen Speisen bieten je nach Gegend nicht unbedingt Abwechslung und sind viele Trekker unterwegs, geht in den Gast- und Teehäusern durchaus mal das Essen aus. Man sollte also einen kleinen Vorrat schmackhafter Energieriegel mit hohem Kohlenhydratgehalt mitnehmen. In manchen Regionen besteht hohe Infektionsgefahr durch verdorbene Lebensmittel, Getränke und schlechte Hygiene. Darum sollte man über die möglichen Symptome gut informiert sein und geeignete Medikamente im Gepäck haben.

TOUREN MIT SELBSTVERSORGUNG

In entlegenen Gegenden ist die Selbstversorgung entweder unerlässlich oder bereitet besonders viel Vergnügen, in anderen ist sie nicht nötig, spart aber Geld. Das Gewicht, das man Tag für Tag bequem tragen kann, ohne die Freude an der Tour zu verlieren, ist sehr begrenzt. Trotzdem muss jede Person die notwendige Ausrüstung (Zelt, Schlafsack, Isomatte, Kleidung, Kochutensilien, Brennstoff, Verpflegung sowie Mittel zur Wasseraufbereitung und Artikel der

OBEN *Unterwegs in den Bergen der Südinsel Neuseelands: Wanderer die das Havelock-Tal erkunden, finden hier besonders viele Hütten, die bei Sturm und schlechtem Wetter Schutz bieten.*

persönlichen Hygiene) selbst tragen können. Meist bedeutet dies, dass man das leichteste und teuerste Equipment einschließlich Verpflegung kaufen muss. Über zwei Wochen von gefriergetrockneter oder dehydrierter Nahrung zu leben, kann allerdings an den Kräften zehren. Darum sollte man auch kohlenhydratreiche Kost dabei haben. In einigen Regionen kann man Depots mit Brennstoff und Verpflegung organisieren – leider werden sie oft geplündert.

Bei dieser Art von Tour besteht kaum Infektionsgefahr durch verdorbene Lebensmittel oder Getränke sowie schlechte Hygiene. In entlegenen Gebieten sollte aber zumindest ein Teilnehmer medizinische Kenntnisse besitzen und entsprechend Medikamente etc. dabei haben.

PRIVAT ORGANISIERTE TOUREN

Hat man genügend Zeit, ist es durchaus möglich, die nötigen Genehmigungen, Träger oder Lastentiere, Köche, Lebensmittel und Ausrüstung persönlich zu organisieren und unter den gleichen Bedingungen zu starten wie bei einer lokalen Trekking-Agentur. Träger sind insofern von Vorteil, als sie all das transportieren, was man tagsüber nicht braucht, und ohne diese zusätzlichen Lasten kann man die Tour weit mehr genießen. Die Träger können nicht nur größere, bequemere Zelte befördern, sondern auch Hocker oder Klappstühle sowie eine größere Auswahl an Lebensmitteln. Bei einer gut vorbereiteten Tour transportieren sie auch Kerosin oder flüssiges Propangas zum Kochen, sodass zum Feuermachen kein Holz benötigt wird. Einige Träger sind außerdem für das Graben von Latrinen verantwortlich. Diese Art von Trekking ist ideal für eine Gruppe von Freunden.

Ein Nachteil selbst organisierter Touren ist die Tatsache, dass vermutlich jemand im Voraus alles vor Ort in die Wege leiten muss. Es kann Probleme mit der Sprache und mit Trägern geben. Sind sie vertrauenswürdig? Verlangen sie mehr als den üblichen Preis? Träger, die man frei mietet, fordern häufig nach den ersten Tagen mehr Geld und drohen damit, umzukehren. In einigen Ländern ist die Organisation von Trekking-Touren durch ein offizielles Unternehmen gesetzlich vorgeschrieben, um überhaupt eine Genehmigung zu erhalten. Meist ist da eine Empfehlung von Freunden der beste Rat.

Die Infektionsgefahr durch verdorbene Nahrung und schlechte Hygiene ist bei einer solchen Tour groß. Mindestens ein Teilnehmer sollte medizinische Kenntnisse besitzen, eine gute Notapotheke mitführen und die Zubereitung des Essens kontrollieren.

PROFESSIONELL ORGANISIERTE TOUREN

Werden alle Vorbereitungen von einer lokalen Trekking-Agentur oder einem Reisebüro zu Hause getroffen, ist die Tour zwar teuer, doch man spart Zeit und Ärger. Die Teilnehmer haben keine Verständigungsprobleme oder Schwierigkeiten, Genehmigungen zu erhalten. Sie werden von bewährten und vertrauenswürdigen Trägern und Köchen begleitet, Brennstoff zum Kochen wird mitgeführt, und einige Träger übernehmen außerdem das Graben von Latrinen. Man bekommt einen einheimischen Trekking-Führer, der die Sprache der Teilnehmer beherrscht und als Vermittler und Übersetzer zwischen Gruppe und Trägern, Köchen sowie Einheimischen fungiert. Bei der Zubereitung des Essens wird auch auf Sauberkeit geachtet. Streitereien um mehr Geld sind praktisch ausgeschlossen. Der Guide verantwortet notwendige kleinere Anschaffungen unterwegs und kann einzelnen Teilnehmern bei persönlichen Einkäufen helfen. (Manche Trekking-Firmen bieten Medizinern, die eine Tour offiziell als Ärzte begleiten, attraktive Preisnachlässe.)

Eine lokale Trekking-Agentur verfügt auf der gesamten Strecke über Kontaktstellen. Dies kann von großem Vorteil sein: Bei einem Notfall, entweder zu Hause oder unterwegs, können Nachrichten in beide Richtungen übermittelt werden. Besteht in einer Gegend ein gewisses Sicherheitsrisiko, werden nicht nur große Gruppen organisiert, sondern verfügen die Träger über genaue Kenntnisse der Region und der Bevölkerung. Mancherorts bezahlen Agenturen an aufrührerische Gruppen sogar eine Art »Passiergeld«, damit ihre Kunden nicht behelligt werden.

OBEN *In abgelegenen Regionen ist Selbstversorgung unerlässlich – man muss Verpflegung, Kochutensilien sowie alles für die persönliche Hygiene dabei haben.*

OBEN *Einheimische Führer, die Trekking-Touren im Himalaja im Norden Bhutans begleiten, kümmern sich auch um die Zubereitung der Mahlzeiten.*

In einigen Ländern verlangt das Gesetz, dass eine Tour von einem Einheimischen geführt wird. Trotzdem engagieren europäische oder nordamerikanische Veranstalter, teils aus rechtlichen Gründen, zusätzlich einen Tourguide aus dem eigenen Land – mit vielfach geringerer Qualifikation als der einheimische Guide mit vielleicht 30 Jahren Erfahrung im Himalaja.

Träger werden in der Regel leider sehr schlecht bezahlt und sind auf zusätzliche Vergütungen durch die Gruppen angewiesen, um eine angemessene Bezahlung ihrer Arbeit zu erhalten. Mit Trinkgeld sollte man bei guter Leistung also durchaus großzügig sein.

KÖRPERLICHE VERFASSUNG

Trekking-Touren sind immer körperlich anstrengend. Dennoch preisen manche Broschüren eher schwierige Routen als unproblematisch an und relativ leichte als große Expeditionen. Die meisten professionell organisierten Touren stellen allerdings keine extremen Anforderungen. Erfahrene Trekker haben Ausdauer und können auch bei Müdigkeit immer noch einen Fuß vor den anderen setzen. Touren für Fotografen lassen diesen viel Zeit für ihre Arbeit bzw. ihr Hobby und haben in der Regel nur kurze Tagesetappen – je nach Gelände eignen sie sich auch für ältere Menschen.

Das größte Problem stellen bei ausgedehnten Touren langjährige Knie- oder Hüftleiden dar. Diabetiker müssen an die richtigen Medikamente und Süßigkeiten denken und diese regelmäßig einnehmen, insbesondere in großer Höhe. Außerdem müssen sie den Guide oder mitreisenden Arzt unbedingt über ihre Krankheit informieren, damit diese im Ernstfall richtig handeln können.

PERSÖNLICHE SICHERHEIT

Verschiedene Gegenden, in denen Trekking-Touren früher gefahrlos möglich waren, sind heute Schauplätze verschiedenster Auseinandersetzungen, die sich ständig ändern und ausweiten können. Darum ist es wichtig, stets die neuesten Reiseempfehlungen des Auswärtigen Amts zu kennen.

REISEPASS UND REISEGENEHMIGUNGEN

Vor Beantragung der Visa sollte man sicherstellen, dass der Reisepass mindestens sechs Monate über das Rückreisedatum hinaus gültig ist und sechs leere Seiten für zusätzliche Einträge enthält. Einige Länder verlangen einen Nachweis über ausreichende finanzielle Mittel und ein Ticket für Rück- oder Weiterflug, andere Länder sogar von Überlandreisenden ein Anschlussticket, wieder andere ein Empfehlungsschreiben von der Regierung des Heimatlands.

Fotografen, Autoren und Journalisten sollten berufliche Zwecke einer Reise in Einreiseformularen nur angeben, wenn sie offiziell in dieser Funktion unterwegs sind, denn von ihnen werden oft spezielle (teure) Visa verlangt.

Zusätzliche Passfotos und mehrere Fotokopien aller Papiere sollte man getrennt von den Originalen bei sich führen. Muss man bestimmte Papiere abgeben, dann nur Kopien, da sie in der Bürokratie gerne mal verschwinden.

VERSICHERUNGEN

Essenziell ist eine umfassende Krankenversicherung, die bei einem Notfall auch den Rücktransport mit dem Flugzeug nach Hause übernimmt.

IMPFUNGEN UND VORSORGEMASSNAHMEN

Lange vor der Reise sollte man sich bei einem Hausarzt und/oder einem Tropeninstitut über nötige Impfungen und evtl. Malariaprophylaxe informieren, damit man rechtzeitig die richtigen Maßnahmen ergreifen kann. Die Cholera-Impfung hat sich als wirkungslos erwiesen, doch wird sie in der Reiseliteratur weiterhin erwähnt. Hält man sich (auch als Transitpassagier) in Infektionsgebieten auf, wird in einigen Ländern danach gefragt. Für diesen Fall sollte man sich vorab einen Befreiungsnachweis ausstellen lassen.

HÖHE UND AKKLIMATISATION

An größere Höhenlagen muss man sich unbedingt langsam gewöhnen. Eine ernstzunehmende Höhenkrankheit tritt meist bei über 3500 m auf, mitunter

OBEN *Der Aufstieg aus der Megas-Lakkos-Schlucht im griechischen Pindos-Gebirge verdeutlicht, wie wichtig körperliche Fitness in der Bergwelt ist.*

OBEN *Wasser ist gerade auf Bergwanderungen lebenswichtig. An Stellen wie dieser können sich Trekker auf dem Kilimandscharo in Tansania versorgen.*

auch schon bei 2000 m. Viele Menschen bekommen erhebliche gesundheitliche Probleme, wenn sie mit dem Auto oder Flugzeug in große Höhen gebracht werden, statt über mehrere Tage selbst hinaufzulaufen. Wer unter der Höhenkrankheit leidet, sollte so schnell wie möglich auf eine deutlich geringere Höhe gebracht werden. Medikamente wie Azetazolamid können leichte Symptome mildern, ersetzen aber keine richtige Akklimatisation.

NAHRUNG UND WASSER

Wird rohe Nahrung ausreichend gekocht, kann man sie unbesorgt essen. Beim Wiederaufwärmen gekochter Speisen werden eventuell schädliche Mikroorganismen nicht vollständig abgetötet, weshalb man diesbezüglich sehr vorsichtig sein muss. Herrscht beim Kochen also nicht absolute Sauberkeit und Sorgfalt, kann man sich selbst in besseren Hotels den Magen verderben, denn auch dort wird vorgekochtes Essen aufgewärmt oder stehen Gerichte über viele Stunden auf dem Büfett.

Wer in Dritte-Welt-Ländern Trinkwasser in Flaschen kauft, sollte auf unbeschädigte Verschlüsse achten und das Wasser nicht mit Eiswürfeln verunreinigen. Normales Wasser wird nur durch mindestens 20-minütiges Kochen (in großer Höhe noch länger) entkeimt. Oberhalb der Schneegrenze spart man Mühe und Brennstoff, wenn man Eis statt Schnee zum Schmelzen bringt. Chlortabletten töten keine Amöben in Zystenform. Dafür benötigt man Spezialfilter und Jod, gegen das manche Menschen jedoch allergisch sind. Jodtabletten oder ein Fläschchen mit Jodtinktur eignen sich zur schnellen Aufbereitung von Wasser in einfachen Restaurants. Filter ohne chemische Zusätze (aus Trekking-Läden) töten keine Mikroorganismen wie etwa Viren ab. Durch Schmelzwasser, das feinen Sand enthält, verstopfen sie außerdem leicht.

OBEN *Eine langsame Gewöhnung an große Höhen ist die Grundlage für beschwerdeloses Trekking in den aufregenden Hochgebirgen der Welt.*

RAMADAN

Während des muslimischen Fastenmonats Ramadan sollte man in islamischen Ländern keine Tour unternehmen. 1977 hatte ich eine Woche Zeit, um von einem Trek im indischen Ladakh zu einem anderen zu gelangen, der in Gilgit in Pakistan starten sollte. Aufgrund der Probleme zwischen Indien und Pakistan verzögerten sich meine Flüge über Delhi und Lahore und ich kam mit einem Tag Verspätung an. Die Gruppe, die ich führen sollte, war tags zuvor eingetroffen – am letzten Tag des Ramadan. Während dieses heiligen Monats dürfen Muslime tagsüber weder essen noch trinken, und das Mittagessen, das die Gruppe während meiner Abwesenheit im Hotel einnahm, war vom Vortag. Aufgewärmter Reis und Fleisch sind stets bedenklich. Binnen weniger Tage klagten die meisten über Erbrechen und ihr Zustand verschlechterte sich stetig. Fast alle Teilnehmer waren Ärzte, die letzlich von einer Typhusinfektion überzeugt waren. Nach ihrer Rückkehr nach Großbritannien wurde Lambliose diagnostiziert, die auf der Tour problemlos hätte behandelt werden können.

UNFÄLLE

1974 unternahm ich eine Tour zu Bergstämmen im damals noch abgelegenen nördlichen Grenzgebiet zwischen Thailand und Burma (Myanmar). Eines Nachts tanzte meine Gruppe mit unseren Gastgebern, eine Frau stolperte und brach sich das Bein. Der nächste Fluss war vier Tagesmärsche entfernt, das nächste Krankenhaus einen weiteren halben Tag. Meine Hauptsorge galt weniger dem Knochenbruch, als einer möglichen Infektion.

Der Rücktransport stellte uns vor große Probleme. Wir bauten eine Bambustrage und suchten Träger aus der Region, was sich als schwierig erwies. Viele der Dörfer bekriegten sich damals, und ich musste immer wieder neue Männer finden, da die einzelnen Gruppen unsere Patientin stets nur bis zum nächsten Dorf brachten. Dort begegneten wir wiederholt abergläubischen Einwohnern, die sich fürchteten, eine Verletzte durch ihre Siedlung zu tragen. Also musste ich ein Huhn kaufen, das geopfert wurde, ehe wir weiterziehen konnten. Ich habe Erste-Hilfe-Kenntnisse für Expeditionen, bin jedoch kein

Arzt, gab unserer Patientin aber dennoch Antibiotika, bis wir ein amerikanisches Missionskrankenhaus in Chiang Mai erreichten. Zum Glück wurde ihr Bein gerettet und sie konnte mich später auf einer anderen Tour begleiten.

TREKKING – EIN GANZ PERSÖNLICHES VERGNÜGEN

Es gibt viele Gründe, eine Trekking-Tour so richtig zu genießen – das körperliche Wohlbefinden spielt dabei sicher eine wichtige Rolle. Manche Menschen freuen sich über das Naturerlebnis und in exotischen Ländern ebenso auf die Begegnung mit fremden Kulturen. Andere bevorzugen raues, extremes Gelände oder wählen aus religiösen, nostalgischen oder sentimentalen Gründen einen Pilgerweg. Fotografen müssen nicht zum nächsten Aussichtspunkt hetzen, sondern können sich für ihre Aufnahmen reichlich Zeit lassen, um verschiedenste Stimmungen und das Spiel des Lichts einzufangen. Spektakuläre Panoramen, Wolken, die am frühen Morgen aus den Tälern im Himalaja aufsteigen, bleiben unvergesslich. Auch die leuchtenden Sterne am klaren Nachthimmel der Wildnis sind zutiefst beeindruckend. Als wir 1971 in der Sahara biwakierten, erschien uns ein Sternschnuppenregen derart nah, dass wir glaubten, er würde uns treffen.

Ein weiteres großes Erlebnis kann die plötzliche Begegnung mit Wildtieren sein. In der Nähe von Skardu in Pakistan begegneten wir zum Beispiel Bären, in Marokko waren es Luchse, in der Sahara Wüstenfüchse, in Afghanistan und Pakistan Bartgeier (Lämmergeier), im Jemen Weißkopfgeier, in Island Schneehühner und im Iran Wölfe, die Schafe angriffen. Besonders interessant ist der Kontakt zu Einheimischen, den Trägern oder Gastfamilien, bei denen man übernachtet, sowie das Erlebnis regionaler Feste. Auf meinen Touren waren wir zum Beispiel Ehrengäste bei einem Polo-Endspiel und der Überreichung des Siegerpokals in Gilgit, tranken Tee mit dem Emir von Hunza, als dies noch ein autonomer Staat war, aßen in Pakistan mit dem Emir von Punial zu Abend, brachen mit afghanischen und iranischen Stammesoberhäuptern und einem pakistanischen General das Ramadan-Fasten, tranken mit einer iranischen Prinzessin Kaffee und nahmen im Jemen an mehreren Hochzeitsfeiern teil.

Warum sollte man also einen ganzen Urlaub lang am Strand herumliegen, wenn man stattdessen ein aufregendes Abenteuer erleben und die Welt aus einer anderen Perspektive betrachten kann? Wer gern wandert, wird sich von den unterschiedlichen Regionen in diesem Buch bestimmt zu neuen Unternehmungen inspirieren lassen. Viel Spaß bei Ihrer nächsten Tour!

GEGENÜBER *Ehrfurchtgebietende Landschaften wie diese inmitten der algerischen Sahara gehören zu den lohnendsten Erfahrungen auf abgelegenen Treks.*

OBEN *Manche Trekker suchen sich besonders unwegsames Gelände für ihre »Adventure-Treks« aus, doch das verlangt ein hohes Maß an genauer Planung.*

NORDAMERIKA

EVOLUTION LOOP

Die Gärten des Himmels in der High Sierra

Sierra Nevada, Kalifornien, USA

RALPH STORER

Die Sierra Nevada, dieses unvergleichliche »Schneegebirge«, zählt zu den schönsten Gebirgszügen der Welt und eignet sich hervorragend zum Wandern. 675 km lang und 95 bis 125 km breit, besteht sie aus dem global größten zusammenhängenden Granitblock. Seine Schichten sind nach Westen gekippt, sodass die beeindruckende Ostflanke 3000 m und mehr über das Owens Valley aufragt und einen der größten Steilabbrüche unserer Erde formt. Nach Westen läuft das Gebirge in bewaldeten sanften Hügeln aus, doch auch hier, wo das Eis solch gigantische Canyons wie Yosemite in die Felspakete geschliffen hat, ist die Landschaft dramatisch.

Der mittlere Teil des Gebirgszuges ist als High Sierra bekannt und ein wahres Wanderparadies, das auf einer Länge von 250 km von keiner einzigen Straße durchkreuzt wird. Als Kulisse romantischer Seen und wunderschöner Wiesen ragen herrlich geformte Gipfel in den blauen Himmel – 500 unter ihnen sind über 3650 m hoch, elf sogar *Fourteeners* (über 14 000 Fuß oder 4270 m hoch). Beherrscht wird die Sierra Nevada vom Mount Whitney, der mit 4420 m der höchste Berg der USA außerhalb Alaskas ist: ein imposantes Massiv mit einem Bergpfad bis zum Gipfel.

Doch als wäre die fantastische Landschaft noch nicht genug, bietet die Sierra außerdem das mildeste und sonnigste Klima aller Hochgebirge der Welt. Nur ein Viertel des Niederschlags eines ganzen Jahres fällt zwischen Anfang Juli und Ende September – abgesehen von einigen Gewittern am Nachmittag. Im Sommer liegt die durchschnittliche Mittagstemperatur auf 3000 m bei 16 °C. Das Gebirge umfasst drei Nationalparks, 17 unter Naturschutz stehende Waldgebiete und acht so genannte National Forests. Die Nationalparks Yosemite und Kings Canyon schützen die beiden spektakulärsten Canyons der USA, während der Sequoia-Nationalpark durch die gigantischen Sequoia-Mammutbäume berühmt wurde. Auch außerhalb der Parks bietet die Landschaft unvergleichliche Wanderrouten in ungestörter Einsamkeit.

VORHERGEHENDE SEITEN *Herrlich leuchten Wildblumen wie Balsamkraut und Lupinen in den Bitterroot Mountains.*

LINKS OBEN *Die schroffen Hänge des Mount Spencer hoch über dem Evolution Lake im magischen Licht eines glühend roten Sonnenuntergangs.*

LINKS *Im Westen des Bishop Pass öffnet sich das Dusy Basin. Links erhebt sich der Columbine Peak, den man von der Rückseite her besteigen kann.*

OBEN *Abstieg vom Bishop Pass in Richtung South Lake. Bishop Lake (links) und Ledger Lake (rechts) sind nur zwei der vielen Seen der Region.*

RECHTS *Ein einsamer, aber wunderschöner Lagerplatz an dem noch mit Eis bedeckten Wanda Lake. Dahinter die schroffen Felsen des Mount Goddard.*

Der klassische Trek durch die High Sierra ist der John Muir Trail (JMT), der sich über 336 km vom Mount Whitney im Süden bis Yosemite im Norden erstreckt. John Muir war ein schottischer Einwanderer und seine Liebe zu diesen Bergen ließ ihn Amerikas erster Naturschützer werden. Dank seiner Bemühungen wurde das Yosemite-Gebiet 1890 zum Nationalpark erklärt.

Der JMT bietet eine unvergessliche Wanderung über viele hohe Pässe in einer imposanten Landschaft. Insgesamt benötigt man mindestens drei Wochen und muss wenigstens einmal unterbrechen, um im nächstgelegenen Ort neuen Proviant zu besorgen. Viele Trekker haben nicht so viel Zeit und beschränken sich auf einen Teilabschnitt der Tour. Dann gibt es wohl keinen besseren Einstieg als den Evolution Loop.

Dieser großartige Rundweg beginnt in beträchtlicher Höhe auf der Ostseite des Sierra-Kamms und verläuft im Bogen über hohe Pässe bis zur Westseite, wobei man ein besonders schönes Gebiet der Sierra erkundet. Die Bergwiesen

LAGE Sierra Nevada/High Sierra, Zentralkalifornien, USA.

BESTE ZEIT Juli bis Oktober; in höheren Lagen bis in den August hinein Schnee, am Muir Pass mitunter das ganze Jahr über.

STARTPUNKT South Lake (2975 m), von Bishop (an der US 395) 34 km auf dem Highway 168 in südwestlicher Richtung, .

ENDPUNKT North Lake (2870 m), von Bishop 32 km auf dem Highway 168 in südwestlicher Richtung. Shuttle-Service zwischen End- und Ausgangspunkt vor Ort erfragen.

DAUER Mindestens 8–10 Tage (84 km).

HÖCHSTER PUNKT Muir Pass (3644 m).

TECHNISCHE ANFORDERUNGEN Ausnahmslos hervorragende Wegstrecken, doch eine Tour dieser Länge sowie in dieser Höhe und Abgeschiedenheit sollten nur erfahrene Bergwanderer in Angriff nehmen. Mehrere Flüsse müssen durchquert werden, Übernachtung im Zelt.

AUSRÜSTUNG Gute Trekking-Stiefel, warme Kleidung und Regenschutz, Rucksack, Zelt und Schlafsack, Verpflegung und Kochutensilien, Sonnenschutzmittel und Insektenschutz.

CHARAKTER Rucksacktour, vorwiegend oberhalb der Baumgrenze in spektakulärer Hochgebirgslandschaft. Das Gelände auf der Westseite des Gebirgskamms der Sierra ist sehr einsam, es gibt keine Möglichkeit, die Route abzukürzen.

Rucksacktouren in einer Höhe von über 3000 m verlangen körperliche Fitness und Durchhaltevermögen. Man gewöhnt sich allmählich an die Höhe, sollte jedoch kurze Tagesetappen und Erholungstage einplanen. Ranger-Stationen für Notfälle im Le Conte Canyon und im Evolution Valley sind im Sommer besetzt.

GENEHMIGUNGEN/BESCHRÄNKUNGEN Für Back-Country-Touren mit Übernachtungen muss man rechtzeitig eine Genehmigung bei der unten genannten Adresse einholen.

GEFAHREN In der High Sierra gibt es viele Bären, besonders in beliebten Wandergebieten, wo sie an Menschen gewöhnt sind. Vor allem bei Übernachtungen im Wald keinesfalls in der Nähe des Zelts kochen oder Nahrung aufbewahren. Die Flüsse können Lamblien enthalten. Trinkwasser stets abkochen, filtern oder mit Jod aufbereiten.

KARTEN USGS (United States Geological Survey) 1:63 360, *John Muir Wilderness, National Parks Back-country*. Eine Karte zeigt den Mittelteil des JMT, die andere die Nord- und Südteile.

INFORMATIONEN Back-country Office, White Mountain Ranger District, 798 N. Main Street, Bishop, CA 93514; Tel. +1-619-8734 207.
Websites: www.bishopvisitor.com
www.r5.fs.fed.us/inyo

oberhalb der Baumgrenze sind idyllische Lagerplätze. John Muir nannte die grünen Matten sehr poetisch *Sky Gardens* (»Gärten des Himmels«). Den Höhepunkt des Treks bildet das Evolution Basin in einem abgelegenen Gebiet der High Sierra zwischen Kings Canyon und Yosemite. In seiner landschaftlichen Schönheit den Nationalparks mehr als ebenbürtig, steht das Basin namentlich in Bezug zu den umgebenden Bergen, die nach den frühen Vertretern der Evolutionstheorie benannt sind: Darwin, Mendel, Huxley, Spencer, Haeckel, Wallace und Fiske.

Die Route beginnt am South Lake auf 2975 m (oberhalb von Bishop) und steigt auf einer Strecke von etwa 10 km, an vielen Seen vorbei, zum Bishop-Pass (3520 m) an. Wer sich bisher noch nicht ausreichend an die Höhe gewöhnen konnte, wird das erste Lager gern an einem der Seen errichten. Am Pass überschreitet der Weg den Kamm der Sierra und führt in das weite Dusy Basin, wo zahlreiche Seen wie blaue Perlen den Fuß des Mount Winchell begleiten. Es lohnt sich, die Tour hier für einen Tag zu unterbrechen, um zum Knapsack Pass zu wandern und den Columbine Peak (3850 m) zu besteigen. Dieser Gipfel gewährt seinen Bezwingern eindrucksvolle Ausblicke über das Palisade Basin bis zu den mächtigen Palisades, mit den größten Gletschern der Sierra.

Am Dusy Basin beginnt ein langer Abstieg, man entdeckt malerische Seen und Wasserfälle, folgt dem zerklüfteten Dusy Branch im Le Conte Canyon und trifft an einer abgeschiedenen Ranger-Station auf den JMT. Dieser zieht sich eine Flanke des Le Conte Canyon aufwärts, um am Muir Pass (3644 m), dem höchsten Punkt der Tour, den Goddard Divide zu überschreiten. Die Länge des Aufstiegs, die Flussdurchquerungen und anstrengenden Schneeflächen, die man in Gipfelnähe sogar im Sommer antrifft, machen eine weitere Übernachtung sinnvoll, ehe man die letzte Teilstrecke in Angriff nimmt.

Helen Lake zu Beginn und Wanda Lake am Ende des Sattels sind nach Muirs Töchtern benannt – und herrlich einsame, wenngleich kalte Lagerplätze. Zu Saisonbeginn können sie mit Eisschollen bedeckt sein, ebenso wie der höher gelegene Lake McDermand jenseits des Passes. Am höchsten Punkt steht die

OBEN *Ausblick vom Columbine Peak: die 4270 m hohen Palisades und einer der Barrett Lakes im Palisade Basin.*

LINKS OBEN *Der Abstieg vom Duty Basin in den Le Conte Canyon führt an diesem eindrucksvollen Wasserfall vorbei.*

Muir Hut. Das zu Ehren von John Muir errichtete Steinhaus bietet Schutz bei Wettereinbrüchen und anderen Notfällen, zum Übernachten ist ein Lager am See jedoch weit reizvoller. Achtung: Vom Pass bis zum Evolution Lake sind Holzfeuer verboten!

Wanda Lake (3490 m) ist das Tor zum Evolution Basin. Die kahle, eisüberkrustete Landschaft wirkt weit exponierter und einsamer, als sie es tatsächlich ist. Ein grandioses Farbenspiel aber entfaltet sich rund um den See bei Sonnenauf- und -untergang. Am Abfluss des Wanda Lake geht es durch den Evolution Creek und schließlich in das tiefer gelegene Basin. Vor einer beeindruckenden Hochgebirgskulisse streift der Pfad See um See, und auf die imposanten Felsen der pfeilartigen Berge Huxley und Fiske folgen die Spitzen von Mount Mendel und Mount Darwin über dem Evolution Lake. Nach jeder Wegbiegung präsentiert sich ein neues perfektes Naturschauspiel. Am Ende des Evolution Lake geben Kiefern der Landschaft eine lieblichere Note (und markieren den vielleicht besten Lagerplatz). Bei Sonnenuntergang erscheint der 3790 m hohe Mount Spencer mitunter wie in Flammen getaucht. Von seinem Gipfel hat man ein wunderbares Panorama der Umgebung – und daher lohnt sich der leichte Aufstieg über die Granitblöcke an der Südostflanke (ein Zusatztag).

Unterhalb des Evolution Lake fällt die Route steil ab ins bewaldete Evolution Valley, dem man bis zur Einmündung in den Goddard Canyon folgt. Die bezaubernden Wiesen hatten durch die Wanderer lange Jahre Schaden genommen, bis man sich entschloss, den Pfad an den Rand zu verlegen, sodass sie sich jetzt erholen. Auf halbem Weg durch das Tal liegt eine Ranger-Station.

Weiter geht es den Goddard Canyon hinab, den Südarm (South Fork) des Joaquin River zwischen hohen, engen Felswänden entlang. Zum Glück gibt es an allen nötigen Flussüberquerungen Brücken. Die Tagestour endet an der Mündung von Goddard und Piute Canyon, wo schöne Lagerplätze zwischen Kiefern versteckt am rauschenden Fluss liegen. An dieser Stelle verlässt man den JMT wieder und folgt dem Evolution Loop den Piute Canyon aufwärts, um am Piute Pass auf die Ostseite der Sierra zurückzukehren.

Nach dem steilen Anstieg im Piute Canyon entspannt eine ebenere Strecke auf der Hutchinson Meadow unterhalb des Pilot Knob. Die Piute-Pass-Route biegt nach rechts ab zum French Creek und steigt aus dem Wald zum Humphreys Basin an, einer riesigen Mulde vor dem monolithischen Mount Humphreys. Die Route verläuft hoch über den Trout Lakes, dem Muriel Lake und zahlreichen anderen Seen, ehe man den Piute Pass (3480 m) direkt hinter dem Summit Lake erreicht.

Die mühevolle Etappe bergauf kann man durch eine Übernachtung im Humphreys Basin unterbrechen – eine letzte Nacht in großer Höhe vor der Überquerung des Piute Pass tags darauf. Am Ende des Passes (nach Piute Lake und Loch Leven) verliert der Weg an Höhe. Der Zielpunkt der Tour am North Lake wird greifbar – zurück in die Zivilisation. Von hier erreicht man nach etwa 20 km auf der Straße wieder den South Lake. Ohne Shuttle-Service gelangt man zu Fuß oder per Anhalter dorthin oder über den Bergpfad des dazwischen liegenden Table Mountain (760 m bergauf und bergab). Dieser letzte Abschnitt verlangt jedoch mehr Entschlossenheit als die gesamte Tour vorher!

OBEN *Der Evolution Lake wird von zwei Zuckerhutgipfeln überragt: Mount Spencer (links) und Mount Huxley (rechts).*

RECHTE SEITE *Blick von Mount Spencer: Mount Haeckel (rechts), den ein scharfer Grat mit Mount Darwin verbindet, und ein namenloser eisiger See.*

HIGHLINE TRAIL

Die Krone der Winde

Die Rocky Mountains in Wyoming, Nordwesten der USA

RALPH STORER

Wenn es einen Gebirgszug gibt, der die raue Schönheit und imposante Wildnis der Rocky Mountains im Nordwesten der USA perfekt verkörpert, dann ist das Wyomings Wind River Range, die von Bergbegeisterten schlicht *Winds* (»Winde«) genannt wird. Dieses fantastische Areal umfasst 405 000 ha geschützter Wildnis, in der man tagelang zwischen hohen Bergen von einem idyllischen Lagerplatz zum nächsten wandern kann. Und an jeder Wegbiegung fasziniert die abwechslungsreiche Landschaft aufs Neue.

In einem Gebiet, das eine Ausdehnung von 177 km in nord-südlicher und 65 km in ost-westlicher Richtung besitzt, werden die Winds von keiner einzigen Asphaltstraße durchkreuzt. Innerhalb dieses Areals liegen 23 *Thirteeners* (Berge von über 13 000 Fuß oder 3960 m Höhe), sieben der zehn größten Gletscher der USA außerhalb Alaskas, mehr als 110 Kare, 1300 Seen und insgesamt 1285 km Wanderwege. Geprägt wird diese spektakuläre Gebirgslandschaft von mächtigen Felswänden, die über herrlichen Seen aufragen.

Zwei Besonderheiten machen die Winds zu einem einzigartigen Trekkingparadies. Zum einen entstanden die Berge in verschiedenen geologischen Phasen, sodass die Erosion die Erhebungen zu Ebenen abschleifen konnte, die während der nächsten Stufe der Gebirgsbildung emporgehoben wurden. Daher wird der Gebirgskamm der Winds, insbesondere im Westen, von den Flachlandschaften Wyomings durch eine Reihe von Terrassen getrennt. Die größte dieser Terrassen erstreckt sich über die gesamte Länge des Gebirges in einer Höhe von 3000 m und mehr. An manchen Stellen ist sie mehr als 16 km breit. So gelangt man ohne große technische Schwierigkeiten von einem hoch gelegenen Ausgangspunkt direkt ins Herz des Gebirges, wobei jedoch höhenbedingte körperliche Probleme leicht unterschätzt werden.

Die zweite Besonderheit ist eine Reihe alter Bruchlinien, die von Nord nach Süd parallel zum Gebirgskamm verlaufen, der hier den Continental Divide (die nordamerikanische Wasserscheide) bildet. Viele der Fluss- und Talsysteme folgen kilometerweit diesen Bruchlinien. All diese Terrassen und Täler bescheren den Trekkern in der Wind River Range die einzigartige Möglichkeit, in sehr hohem Terrain dicht am eigentlichen Hauptkamm entlang zu wandern.

Die ultimative Rucksacktour in der Wind River Range ist eine Kombination aus dem Highline Trail, der auf der längsten Terrasse neben dem Divide verläuft, und Abstechern zum Cirque of the Towers im Süden und dem Titcomb Basin im Norden. Diese beiden Naturwunder sollte man keinesfalls auslassen.

Am südlichen Ende des Gebirgszugs gibt es mehrere Ausgangspunkte für die Tour. Wer schnell in Hochlagen gelangen möchte, beginnt in Big Sandy und geht auf dem Waldpfad am Big Sandy River zum Big Sandy Lake (2950 m). Ein leichter Anfang sind die 9 km am ersten Tag, gefolgt von einem zweitägigen Lager am See, das Gelegenheit zur Akklimatisation und zu einer Tageswanderung ohne Rucksack zum nahen Deep Lake bietet. Dieser See liegt in einem schroffen Kar und wird von der geschwungenen, kilometerlangen Felswand des Haystack Peak und den Felsspitzen von Steeple Peak, Lost Temple Spire und East Temple Peak überragt. Zur Schönheit der Landschaft tragen auch die mächtigen Steinplatten rund um den See bei, die die Flüsschen in kleine Wasserfälle verwandeln. Der Rückweg führt am ebenfalls malerischen Temple Lake vorbei.

Vom Big Sandy Lake geht es über den 5 km langen Big Sandy Pass zum Lonesome Lake im Herzen des Cirque of the Towers. Der Pfad ist überraschend schwierig und unwegsam, doch die Landschaft entschädigt dafür – mit dem hoch aufragenden Sundance Pinnacle und der mächtigen überhängenden Felswand des Warbonnet. Dieser ist der Erste der berühmten Towers, die den Lonesome Lake im Halbkreis umschließen. Dazu gehören auch die Warriors, Watch Tower, Shark's Nose, Overhanging Tower, Wolf's Head und der beeindruckend symmetrische Pingora Peak. Nach einer Übernachtung am Lone-

LINKS OBEN *Blick vom Highline Trail in Richtung der Green River Lakes. Markant erhebt sich die mächtige abgeflachte Säule des Squaretop Mountain.*
LINKS *Temple Lake und der Bergpfad vom Temple Pass zum Big Sandy Lake. Wer hier übernachtet, kann eine Tour zum Deep Lake unternehmen.*

GANZ OBEN *Von der Nordwestseite des Mount Lester über dem Little Seneca Lake bietet sich ein dramatischer Blick auf die Gipfel am Titcomb Basin.*
OBEN *Ein Trekker überquert die Granitplatten des Deep Lake Cirque. Im Hintergrund der Cirque of the Towers: Warbonnet (links) und Pingora (rechts).*

some Lake geht es am Nordrand des Cirque über den Texas Pass (3475 m), den höchsten Punkt der Bergwanderung. Wege, die direkt aus dem Cirque hinausführen, sind nur schwer passierbar und sollten gemieden werden. Der Aufstieg zum Texas Pass ist einfach und der Sattel lässt sich auch bei Schnee leicht überqueren. Allerdings ist am steinigen Abhang auf der anderen Seite kaum ein Pfad auszumachen – und daher ist Vorsicht geboten. Weiter talwärts führt ein besserer Weg an mehreren Seen vorbei ins Tal des Washakie Creek.

Erscheint ein Besuch des Cirque of the Towers am Beginn der Tour zu schwierig, kann man gleich dem auf (der Karte eingezeichneten) Highline Trail folgen, der westlich des Cirque durch den Wald führt. Die Route über den Texas Pass trifft am Zusammenfluss von Washakie Creek und East Fork River wieder auf den Highline Trail und verläuft dann in nordwestlicher Richtung durch ein unbewaldetes Plateau unterhalb des Mount Geikie. Das Pla-

OBEN *Der Texas Lake füllt die Mulde am Fuß des Geröllhangs an der Nordseite des Texas Pass. Im Hintergrund der August 16th Peak.*
RECHTS *Die fernen Berggipfel am Ende des oberen Titcomb Basin stellen Bergsteiger vor außerordentliche Herausforderungen.*

teau (3200 m) ist ein guter Lagerplatz mit malerischem Blick auf den südlichen Teil der Winds und die im Sonnenuntergang weiß glühenden Towers.

Zwischen dem Nord- und Südteil des Gebirgszugs zweigen mehrere Bergketten vom Continental Divide nach Westen ab. Sie lassen Wanderern keine andere Wahl, als den Mittelteil des Gebirges unterhalb der Baumgrenze zu durchqueren. Hier gibt es zwar viele Seen, doch ist dieser Bereich landschaftlich weniger ansprechend und kann in einer einzigen langen Tagestour bewältigt werden. Die kürzeste der vielen Routen folgt zuerst dem Old Highline und dann dem Fremont Trail. Dieser verlässt am Hat Pass (3306 m) die Waldzone und überwindet danach einige Pässe. Sobald der nördliche Gebirgsteil am seenreichen Bald Mountain Basin mit dem spitzen Angel Peak zur Rechten erreicht ist, wird die Landschaft mit einem Mal wieder atemberaubend schön. Folgt man nun dem Pole Creek, wo man erneut auf den Highline Trail trifft, überrascht jenseits des Lester Pass der Little Seneca Lake. Hier kreuzt der Highline den Pfad zum Titcomb Basin und es lohnt sich, einen Umweg von mindestens einem Tag zu machen, um dieses Meisterwerk der Natur zu erleben. Zumindest sollte man die Nordwestseite des Mount Lester besteigen. Von dort oben ist der Blick auf den Titcomb schlichtweg unvergesslich.

Der Nebenpfad zum Titcomb führt über zwei niedrige Pässe zum Island Lake, dessen Inseln, felsige Landspitzen und sandige Buchten an die ägäische Küste denken lassen. Dahinter erstreckt sich das Titcomb Basin über weitere 10 km bis zu den höchsten Gipfeln der Winds, einschließlich dem in Wyoming alles überragenden Gannett mit 4207 m. Der beste Lagerplatz liegt am Pothole Lake, dem ersten in einer Kette von Seen. Zusammen mit den Bergen am Ende des Basins sind sie lohnende Tagesziele. Noch eine zweite Tagestour zum Indian Basin bietet sich an, wo mehrere *Thirteeners* ein beeindruckendes Labyrinth aus Felsen und Seen umgeben.

Zurück am Little Seneca Lake steigt man auf dem Highline Trail kontinuierlich zum Tal des Fremont Creek ab und kommt dabei an romantischen Seen, wilden Strömen, Schneeflächen und fantastisch geformten Felsen vorbei. Am Shannon Pass wird die Landschaft felsiger, die Route führt hinab zu schroffen Felsen und malerischen Tümpeln bis zum Peak Lake Cirque. Dieses Kar ist sehr viel kleiner als der Cirque of the Towers und im Ensemble mit den gigantischen Gipfeln von Sulphur Peak (3909 m) und Stroud Peak (3717 m) mutet es wie ein geheimes Heiligtum in den Bergen an.

Mit dem Peak Lake endet die Hochgebirgslandschaft. Nördlich davon geht es auf dem Highline Trail über den einfachen Vista Pass hinab zum Green River Valley. Bis zum Endpunkt der Tour an den Green River Lakes ist es noch ein langer Marsch, aber der Rucksack ist jetzt leichter und es gibt noch genug zu sehen. Besondere Erwähnung verdient der Squaretop (3565 m), eine gewaltige abgeflachte Felssäule. Sie wurde zum Symbol der Winds, denn nur wenige Gipfel sieht man hier so problemlos wie diesen von mehreren Plätzen. Und wer die Tour geht, wird noch viel spektakulärere Aussichten entdecken.

LINKS *Über einem Lagerplatz am Peak Lake Cirque thront der Stroud Peak.*
RECHTS OBEN *Auf dem Weg vom Little Seneca Lake zum Titcomb Basin sieht man hier im Vordergrund Island Lake. Der Berg im Hintergrund ist der Fremont, links davon Titcomb Basin und rechts Indian Basin.*

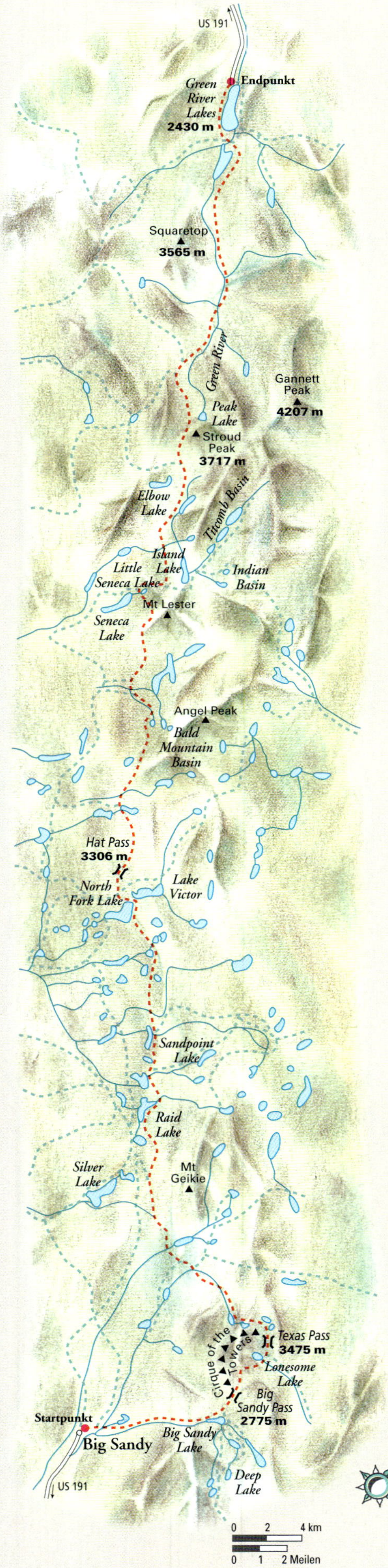

LAGE Wind River Range (Rocky Mountains), Nordwesten von Wyoming, USA.

BESTE ZEIT Ende Juli bis Mitte September. Zu Beginn der Saison ist mit Schnee zu rechnen.

STARTPUNKT Big Sandy Lodge und Campingplatz im Süden (2775 m), über eine unbefestigte Straße von der US 191 in der Nähe von Pinedale zu erreichen.

ENDPUNKT Green River Lakes (2430 m) mit Campingplatz im Norden, über eine unbefestigte Straße von der US 191 bei Pinedale zu erreichen. Das Trampen zwischen End- und Startpunkt ist meist kein Problem; auf der US 191 fährt täglich ein Bus durch Pinedale.

DAUER Mindestens 8–10 Tage (103 km).

HÖCHSTER PUNKT Texas Pass (3475 m).

TECHNISCHE ANFORDERUNGEN Die Bergpfade sind vorwiegend gut, mitunter auch schwierig. Nur erfahrene Bergwanderer sollten eine Tour dieser Länge, in dieser Höhe und Abgeschiedenheit wagen. Auf den hohen Pässen kann es jederzeit schneien, selbst Mitte August. Mehrere Flüsse müssen durchquert werden.

AUSRÜSTUNG Gute Trekking-Stiefel, warme Kleidung und Regenschutz, Rucksack, Zelt und Schlafsack, Verpflegung und Kochutensilien. Wichtig sind Sonnenschutzmittel und Insektenschutz.

CHARAKTER Rucksacktour, vorwiegend oberhalb der Baumgrenze in spektakulärer Gebirgslandschaft. Übernachtung im Zelt. Bergtouren über 3000 m verlangen körperliche Fitness und Ausdauer. Die Winds sind ein abgelegenes Gebirge, es gibt keine Abkürzungsmöglichkeiten. Man gewöhnt sich unterwegs an die Höhe, sollte jedoch kurze Tagesetappen und Erholungstage planen.

GENEHMIGUNGEN/BESCHRÄNKUNGEN Mit Ausnahme der Wind-River-Indianerreservate der Shoshonen und Arapaho auf der Ostseite, ist das Gebirge als Wildnis besonders geschützt; Zugang zur beschriebenen Route ohne Beschränkungen oder Genehmigungen.

GEFAHREN An Lagerplätzen können Schwarzbären ein Problem darstellen; überall, bes. im Wald, Vorsichtsmaßnahmen treffen. Niemals in Zeltnähe kochen oder Nahrung aufbewahren. Flüsse können Lamblien enthalten. Trinkwasser abkochen, filtern oder mit Jod aufbereiten.

KARTEN *Northern Wind River Range, Southern Wind River Range*, 1:48 000; erschienen bei Earthwalk Press.

INFORMATIONEN District Ranger, Pinedale Ranger District, PO Box 220, Pinedale, Wyoming 82941, Tel. +1-307-3674 326.
Websites: www.pinedaleonline.com; www.fs.fed.us/btnf

SAWTOOTH TRAVERSE

Die verborgenen Kare der Sawtooths

Die Rocky Mountains in Idaho, Nordwesten der USA

RALPH STORER

Die zerklüfteten Sawtooth Mountains, die »Sägezahnberge«, gehören zu den Rocky Mountains; die als Sawtooth Wilderness geschützte Bergregion ist zudem Teil der 305 000 ha großen Sawtooth National Recreation Area (SNRA). Um den ursprünglichen Charakter der Natur zu erhalten, wurde diese 1972 eingerichtet.

In dem Granitstock formten die Gletscher fantastisch zerklüftete Bergrücken und Felsgebilde, für die die Bewohner solch passende Namen wie Fishhook Spire, Leaning Tower of Pisa, Finger of Fate und Arrowhead erfanden. Mit dem Rückgang der Gletscher entstanden außerdem vom Eis ausgeschürfte Kare mit etwa 200 Hochgebirgsseen: An kaum einem anderen Ort der Welt hinterließen die Gletscher ein derartig vollendetes Kunstwerk.

Die *Tooths*, wie die Sawtooth Mountains von Bergfreunden auch genannt werden, erstrecken sich über eine Länge von 50 km und haben eine Breite von 32 km. Ausdehnung und Komplexität des Gebietes ziehen viele Wanderer an, doch ist das Gelände weniger spektakulär als vergleichbare Areale im Nordwesten. Der Gebirgskamm verläuft in Nord-Süd-Richtung vom McGown Peak (3000 m) bis zum Snowside Peak (3245 m). Östlich und westlich davon begleiten ihn lange, hohe Grate, die tiefe Kare und lang gestreckte Täler umschließen.

Den seitlichen Graten verdankt die Bergkette eine größere topographische Vielfalt, als sie ein Gebiet dieser Größe erwarten lässt. Hier findet man einige der interessantesten Felsformationen sowie Idahos höchsten Gipfel: Thompson Peak (3270 m). Insgesamt gibt es 33 Dreitausender!

Während die Westflanke der Bergkette in dichten Wald abtaucht, der einen Großteil von Idaho bedeckt, ist ihre Ostseite dank des Sawtooth Valley deutlicher von den Waldgebieten abgegrenzt. Durch das breite, grasbewachsene Tal fließt der bei Wildwasserkanuten sehr geschätzte Salmon River. In einem offenen Kessel am nördlichen Ende des Tals liegt die kleine Siedlung Stanley, der inzwischen wichtigste Ausgangspunkt für Bergtouren. In der Sommersaison herrscht hier geschäftiges Treiben.

Beliebter als ihr westliches Pendant ist die Ostflanke der Tooths, denn die Startpunkte der Touren liegen hier höher und die Zufahrtsstraßen aus dem Sawtooth Valley führen zu mehreren großen Seen auf etwa 2100 m. Außerdem kann die Ostseite mit den meisten Seen und einer überaus reizvollen Landschaft aufwarten. Außerdem verwundert nicht, dass viele der schroffen Gipfel zu Idahos beliebtesten Zielen der Bergsteiger geworden sind. Und zwischen den Gipfeln existieren genügend einfache Pässe, sodass ein 480 km langes Wegenetz angelegt werden konnte.

Der klassische Sawtooth-Trek ist die Nord-Süd- oder Süd-Nord-Durchquerung des Gebirges, eine 82 km lange Tour mit fünf Passüberschreitungen, die größtenteils östlich des Hauptkamms verläuft. Der vielfältige topographische Charakter bedingt eine sich ständig wandelnde Landschaft, von einem Moment zum anderen kann sich der Ausblick auf dramatische Weise verändern. Dies sind ideale Voraussetzungen für eine Rucksacktour, und zwar vorwiegend oberhalb der Baumgrenze. Die Lagerplätze liegen an Seen oder in hoch gelegenen Karen, jeweils eine Tagestour voneinander entfernt. Die Dauer der Tagesmärsche wird also durch die Lage der Kare genau bestimmt und ist oft kürzer als in anderen Gebirgen. Aus diesem Grund lässt sich die Tour auch am besten in Tagesabschnitten beschreiben.

1. TAG *(9,5 km)* Die von Süden nach Norden verlaufende Tour beginnt am Tin Cup Hiker beim Pettit Lake. Es geht den Canyon des Pettit Lake Creek zum Alice Lake (2620 m) hinauf, vorwiegend durch bewaldetes Gebiet, das keinen Moment langweilig ist. Am Weg rauschen Wasserfälle, mehrere Flüsse müssen durchquert werden, und mit jedem Schritt in Richtung Alice Lake wächst die Faszination. Überragt wird der See vom mächtigen El Capitan (3018 m). Zwei Teiche bilden sozusagen das Empfangskomitee am See. Die

LINKS OBEN *Die Westflanke des El Capitan im warmen Licht der sinkenden Sonne. Dieser Gipfel ist ein Favorit der Bergsteiger.*

LINKS *Am fünften Tag führt der Aufstieg von Flatrock Junction zum Alpine Lake durch natürliche Felsengärten oberhalb des Redfish Canyon.*

GANZ OBEN *Das beeindruckende Bergpanorama über den Cramer Lakes vom Temple Basin gesehen: Sevy Peak in der Mitte und Arrowhead rechts davon.*

OBEN *In einem kleinen Teich nicht weit vom Alice Lake spiegelt sich die Westflanke von El Capitan, angestrahlt von der späten Abendsonne.*

herrlich bewaldeten Halbinseln und Felsspitzen der Umgebung machen Alice Lake zum vielleicht idyllischsten Gewässer der Sawtooths. Und vom Lager aus kann man in Ruhe El Capitan bei Sonnenuntergang bewundern.

2. TAG *(8 km)* Oberhalb des Alice Lake beherrscht der Snowyside Peak (3245 m) die Landschaft. Die Route steigt hinter den Twin Lakes zum Snowyside Pass im Osten des Berges an und führt dann zu einem weiteren wunderschönen Lagerplatz am blumenübersäten Ufer des Toxaway Lake.

3. TAG *(7 km)* Nördlich des Toxaway Lake ermöglicht ein schmaler Pass die Überschreitung eines seitlichen Kamms zum Edna Lake; er gehört bereits zu einer Seengruppe im nächsten Kar. Der Aufstieg über Serpentinen zum 2830 m hohen Pass ist einfach, der Abstieg jedoch steil. Die Strecken des zweiten und dritten Tages kann man auch zusammen in einem längeren Tagesmarsch bewältigen.

4. TAG *(10 km)* Jenseits des Edna Lake führt die Route weiterhin bergab, durch ein Waldgebiet am Virginia Lake vorbei zur South Fork des Payette River, der überquert werden muss. Danach wird die Landschaft wieder rauer, denn nach dem Hidden Lake windet sich die Route oberhalb der Baumgrenze hinauf zum Cramer Divide (2890 m) unterhalb des Nordwest-Kamms des Temple, auf dessen Gipfel ein gefährlich überhängender Fels »balanciert«. Der höchste Punkt der Tour ist erreicht.

Ein Abstieg über 210 Höhenmeter durch einen Geröllfächer (und vielleicht auch Schnee) führt nun ins Zentrum des Temple Basin, einer felsigen Mulde unterhalb des zerklüfteten Nordwest-Kamms des Temple. Im steinernen Rund der Karwände fällt eine der ungewöhnlichsten Felsformationen des gesamten Gebirges mit dem viel sagenden Namen *Arrowhead* (»Pfeilspitze«) auf. Auch als Lagerplatz bietet sich das Temple Basin mit seinem sich ständig wandelnden Licht- und Schattenspiel an. Die Alternative ist ein tiefer gelegener Platz an den Cramer Lakes; sie verkürzt die nächste Tagesetappe.

5. TAG *(15 km)* Vom Temple Basin erreicht man nach einem Abstieg über 150 Höhenmeter erneut die Baumgrenze an den Cramer Lakes. Die Route

OBEN *Ein geradezu perfekter Lagerplatz sind die malerischen Wiesen am Toxaway Lake unterhalb des Snowyside Peak.*

OBEN *Der Abstieg vom Cramer Divide ins Temple Basin. Zu Saisonbeginn ist der Pfad noch schneebedeckt; im Hintergrund der Nordwest-Kamm des Temple.*

LAGE Rocky Mountains, mittlerer Süden von Idaho, USA.

BESTE ZEIT Ende Juli bis Mitte September, wenngleich auf der Nordseite der Pässe bis Mitte August Schnee liegen kann.

STARTPUNKT Tin Cup Hiker (2135 m) am Pettit Lake, 29 km südlich von Stanley.

ENDPUNKT Iron Creek mit Campingplatz (2040 m), 9 km westlich von Stanley. Gegen geringe Gebühr befördern Rafting-Firmen in Stanley Ihr Auto vom Start- zum Endpunkt der Tour.

DAUER 8–10 Tage (82 km).

HÖCHSTER PUNKT Cramer Divide (2890 m).

TECHNISCHE ANFORDERUNGEN Ausnahmslos hervorragende Bergpfade. Eine Tour von dieser Länge und durch derart wildes Gelände sollten nur erfahrene Berwanderer unternehmen. Zu Saisonbeginn können höher gelegene Teilstrecken schneebedeckt sein. Mehrere Flüsse müssen durchquert werden.

AUSRÜSTUNG Gute Trekking-Stiefel, warme Kleidung und Regenschutz, Rucksack, Zelt und Schlafsack, Verpflegung und Kochutensilien, Sonnenschutzmittel und Insektenschutz.

CHARAKTER Rucksacktour, oft oberhalb der Baumgrenze, mit großartigen Ausblicken. Bergpfade sind in gutem Zustand; gute Wegweiser. Übernachtung durchgehend im Zelt. Muss die Tour aus irgendeinem Grund abgekürzt werden, gibt es dafür zahlreiche Möglichkeiten (abzweigende Bergpfade).

GENEHMIGUNGEN/BESCHRÄNKUNGEN Zugang ohne Beschränkungen, keine Genehmigungen erforderlich. Am Start- und Endpunkt sollte man sich freiwillig registrieren lassen, da die Anzahl der Wanderer das Budget für den Unterhalt des Trails beeinflusst.

GEFAHREN Schwarzbären belästigen mitunter die Camper am Start- und Endpunkt (dringen aber selten in höhere Regionen vor); man sollte jedoch weder in Zeltnähe kochen noch dort Nahrung aufbewahren.

OBEN *Die erste Tagestour führt die Trekker durch Tannen- und Kiefernwälder zum ersten Lagerplatz am romantischen Alice Lake auf 2620 m Höhe.*

Die Flüsse können Lamblien enthalten. Trinkwasser stets abkochen, filtern oder mit Jod aufbereiten.

KARTEN *Sawtooth Wilderness, Idaho,* 1:48 000, erschienen bei Earthwalk Press.

INFORMATIONEN Stanley Ranger Station, Star Route (5 km südlich von) Stanley, Idaho, 83278; Tel. +1-208-7267 672.
Stanley Chamber of Commerce, PO Box 59, Stanley Idaho 83278, Tel. +1-208-7743 411.
Websites: www.stanley.cc.org
www.fs.fed.us/r4/sawtooth

führt an einem Wasserfall vorbei, der den mittleren See speist, und durch wunderschönes offenes, parkartiges Gelände. Es geht weiter bergab, bis man bei Flatrock Junction schließlich Redfish Creek erreicht, ein beliebtes Ziel für Tageswanderungen vom Redfish Lake aus (6 km entfernt in einem benachbarten Canyon gelegen). Durchquert wird der Fluss genau an jener Stelle mit den flachen Felsplatten, denen der Ort seinen Namen verdankt. Danach beginnt der Aufstieg dieser Tagestour: in langen Serpentinen durch eine reiche, aber genügsame Bergvegetation, in der der rot blühende Indian Paintbrush, Wyomings Nationalblume, bunte Akzente setzt. Die Route passiert den Alpine Lake, und immer ferner wird der Blick auf das zurückliegende Temple Basin. Schließlich endet der Aufstieg an einer Schlucht am Baron Divide (2790 m), dem Hauptkamm. Von hier kann man die drei Baron Lakes in einer abgelegenen Mulde sehen. Sie schmiegen sich zwischen Hauptkamm und Verita Ridge, einen Tummelplatz der Kletterer, der von solch beeindruckenden Felsformationen umgeben ist wie El Pima, Damocles und Leaning Tower of Pisa. Es geht ein letztes Mal hinab in eine Mulde, um das nächste Lager an einem der Seen aufzuschlagen.

6. TAG *(12 km)* Die heutige Tour ist einfach, da es keine Aufstiege gibt. Stattdessen geht es 850 Höhenmeter abwärts, am tosend in die Tiefe stürzenden Baron Creek entlang bis zu dessen Zusammenfluss mit der North Fork des Baron Creek auf 1735 m – deutlich tiefer gelegen als Ausgangs- oder Endpunkt der Tour.

7. TAG *(11 km)* Ein anstrengender Aufstieg mit einer Flussdurchquerung führt wieder in höhere Regionen. Während der langen Strecke bergauf begeistert die üppige Vegetation entlang der Baron Creek North Fork bis zu einem zerklüfteten Hohlweg östlich des Mount Regan (3100 m). Dahinter schimmert schon Sawtooth Lake, das Ziel der Tagesetappe. Der malerische See in einer felsigen Mulde am Fuß der imposanten Nordseite des Mount Regan ist der größte Hochgebirgssee der Sawtooths. Eisschollen überziehen sogar noch im Juli seine Oberfläche.

8. TAG *(8 km)* Nun heißt es endgültig Abschied nehmen von den hohen Regionen. Am Iron Creek entlang, dem Abfluss des Sawtooth Lake, geht es ausschließlich bergab. In vielen Serpentinen nähert sich der Weg wieder der Baumgrenze am Alpine Lake (nicht mit dem Namensvetter vom fünften Tag zu verwechseln) und folgt dem geschwungenen Iron Creek Valley. An der Nordseite des Tals blickt man auf einen letzten typischen Gebirgskamm der Tooths, ehe man die Berge verlässt und das Tourende am Iron Creek erreicht.

LINKS *Von den Cramer Lakes wandert man durch den Wald bergab zu Flatrock Junction, die den flachen Felsplatten im Fluss ihren Namen verdankt.*

OBEN *Baron Creek North Fork ist einer der gischtenden kalten Bergflüsse, die auf der Tour durchquert werden müssen – dieser am siebten Tag.*

GANZ OBEN *Illusion am Sawtooth Lake: In der Mount-Regan-Nordflanke und ihrer Spiegelung verschmelzen Fels und Schnee in magischer Schönheit.*

ZU FUSS DURCH ALASKA

»Walk on the Wild Side«

Das wilde Hinterland von Anchorage, Alaska

DEAN JAMES

Der durchdringende Schrei eines Eistauchers, hohl wie das Heulen der Wölfe, durchbrach die abendliche Stille. Jäh rief er uns ins Gedächtnis, dass hier die Wildnis die Gesetze schrieb. Als die Nacht hereinbrach, schien der tiefe Wald unser Lager in seine ureigene Dunkelheit zu hüllen. Wir alle spürten den zeitlosen Geist Alaskas, eine seltsame Mischung aus Ehrfurcht für dieses ungezähmte Land und einer Art Urangst vor seiner unermesslichen Leere.

Unsere siebenköpfige Gruppe war vor einigen Tagen in Alaska angekommen. Schon auf dem Flug von Seattle nach Anchorage hatte die Landschaft in ihrer unbeschreiblichen Anmut alle gefesselt. Genau südlich der Hauptstadt Alaskas, schiebt sich jenseits des Cook Inlet die Kenai-Halbinsel in den kalten Nordpazifischen Ozean. Für die Städter ist sie mittlerweile zu einem beliebten Erholungsgebiet geworden. Trotzdem herrscht hier immer noch die Atmosphäre der alten Pioniertage und in der dicht bewaldeten Berglandschaft leben nach wie vor viele Wildtiere – Schwarz- und Braunbär, Wolf, Elch, Karibu und Amerikanischer Vielfraß sind hier zu Hause. Die Halbinsel verfügt außerdem über das weitläufigste System an Wanderwegen im gesamten Bundesstaat. Alaskas vielleicht bekannteste Trekking-Tour verläuft im Resurrection-Trail-System, das aus drei verschiedenen Routen besteht: Resurrection-Pass-Route, Russian-Lakes-Route und Resurrection-River-Route. Sie durchziehen über insgesamt 116 km von Norden nach Süden die gesamte Kenai Peninsula.

Die Tour folgt alten Wegen, über die zu Zeiten des Goldrauschs in den 1890er-Jahren ganze Legionen von Goldsuchern zogen. Der Ausgangspunkt befindet sich in der Nähe der Kleinstadt Hope. Ihre glücklichen Tage endeten leider mit dem Goldrausch.

Als Trekking-Auftakt durch Alaska erschien uns diese Route goldrichtig. Am ersten Tag legten wir nur eine kurze Strecke durch dichten Fichtenwald zurück. Als wir dabei überraschend auf den »unvermeidlichen« Bären stießen, wurde uns schnell klar, dass wir nicht die Einzigen waren, die diesen einsamen Pfad kannten und benutzten. Reichlich nervös machten wir viel Krach, sangen und klatschten so laut, dass wir vermutlich überhaupt keine Tiere mehr zu Gesicht bekommen würden. Unser erstes Lager schlugen wir im schützenden Wald am Caribou Creek auf.

Höher hinauf ging es am zweiten Tag: zum Quellgebiet des Resurrection Creek. Es war ein klarer Morgen und im lichter werdenden Wald genossen wir den großartigen Blick auf die Kenai Mountains. Schließlich passierten wir die Baumgrenze und wanderten nun durch offenes Moorland, bald bergan bis zur Hauptwasserscheide am Resurrection Pass (792 m), der von einem Teppich aus niederem Wacholder und feuerrot blühendem Indian Paintbrush überzogen war. Auf beiden Seiten des Passes entdeckten wir zahlreiche kleine Seen mit Biberdämmen, die jedoch verlassen waren, und so bekamen wir keines der amüsanten Tiere zu Gesicht. Rentierflechten, die wie frischer Schnee aussahen, überzogen die 1200 m hohen Berge am Pass. Hier schlugen wir unser Lager auf, umgeben von Horden schrill pfeifender Murmeltiere. Bald darauf wurden wir mit einem seltenen Anblick überrascht: Eine kleine Herde Kenai-Karibus zog über die Berghänge oberhalb unserer Zelte.

An diesem Abend spazierten drei Mitglieder unserer Gruppe zu einem nahe gelegenen See. Sie begegneten einem Wolf, der zum Trinken gekommen war und sie einen Moment lang direkt anschaute – selbst für Alaskas Wildnis war dies ein seltenes Erlebnis!

Während der nächsten Tage stiegen wir vom Resurrection Pass hinab ins Juneau Creek Valley mit seinen wunderschönen, von Bäumen gesäumten Seen und wanderten durch das Tal. Einmal lagerten wir auch am idyllischen Ufer des Swan Lake. Die seichten Stellen des Sees waren übervoll mit toten oder sterbenden Lachsen, die nach ihrer erstaunlichen Reise vom Pazifischen Ozean über die Stromschnellen des Creeks den See erreicht hatten. Dieser Fischzug

LINKS OBEN *Ein letzter Blick auf die Orientierungstafel am Eingang zum Resurrection River Valley – dies ist der schwierigste Teil der gesamten Tour!*
LINKS *Nach einer anstrengenden Tagestour wird das Lager in den Kenai Mountains aufgeschlagen, und dann heißt es: den grandiosen Blick genießen.*

GANZ OBEN *Ein leuchtender Teppich aus den Blättern der Bärentraube (Arctostaphylos uva-ursi), eines Strauchs, der hier als Kinnickinnick-Bush bekannt ist.*
OBEN RECHTS *Dort, wo die Lachse in der Abgeschiedenheit Alaskas zum Laichen stromaufwärts schwimmen, jagt der Weißkopf-Seeadler seine Beute.*

ist Teil eines dreijährigen Zyklus: Im Sommer schwimmen die erwachsenen Lachse zu den Gewässern, in denen sie geschlüpft sind, laichen dort und sterben meist danach. Die Jungfische schwimmen flussabwärts zum Pazifik. Drei Jahre später kehren sie zurück, um den Zyklus zu vollenden.

Als es an diesem Abend schließlich dunkel wurde, verließ eine große Elchkuh den schützenden Wald und kam zum See. Sie schaute uns lange an, ehe sie den See durchquerte und in der Nacht verschwand. Bald war es vollkommen dunkel und wir erinnerten uns an die riesigen Fußabdrücke von Bären und die Kratzspuren ihrer Klauen, die wir am Tag gesehen hatten. Ein wenig nervös bereiteten wir uns auf die Nacht vor und gingen schlafen.

Der Abstieg zum Juneau Creek Valley brachte uns tags darauf in dichten Wald. Wir sahen große Flächen mit dem berüchtigten »Devil's Club«. Diese Sträucher werden bis zu 2 m hoch und bilden ein undurchdringliches Dickicht, insbesondere an Flussufern. Die äußerst nahrhaften Blätter werden von langen feinen Dornen geschützt, die bei Berührung abbrechen und leicht in die Haut eindringen können. Viele Berichte über Alaska sind mit ausschweifenden Passagen über diese gefährlich aussehende Pflanze gespickt.

Schließlich geht das Juneau Creek Valley in das beeindruckende Kenai Valley über. Den türkisfarbenen Kenai River überquerten wir auf der Brücke des Sterling Highway. Es war ein seltsames Gefühl, aus der Einsamkeit des Waldes plötzlich auf das breite, harte Asphaltband zu treten. Wir hatten zwar nur fünf Tage in der Wildnis verbracht, doch empfanden wir den Gegensatz sehr krass. Große Laster und Wohnmobile schossen vorbei, wir fühlten uns in dieser Hetze wie fremdartige Waldmenschen.

An der Südseite des Kenai River meldeten wir uns auf dem offiziellen Russian River Campground an, wo uns, wie vereinbart, ein Lieferwagen mit den Vorräten für den letzten Teil der Tour versorgte.

Wieder lockte am nächsten Morgen die Wildnis. Südwärts folgten wir diesmal dem Russian Lakes Trail. Zahlreiche Elche tauchten schemenhaft aus den Nebelbänken auf, die den Wald in einen feuchten Schleier hüllten.

OBEN *Als erste Zeichen des beginnenden Herbsts in den Kenai Mountains überziehen die rot gefärbten Alpen-Bärentrauben die Hänge.*

LINKS *»Devil's Club«: Echinopanax horridum.*
RECHTS *Da im Resurrection Valley vermehrt Bären auftraten, ist ein Teil der Route gesperrt.*

LAGE Kenai Peninsula (Halbinsel), Chugach National Forest, Süd-Alaska.
BESTE ZEIT Mai bis Oktober (am schönsten ist der Herbst, letzte August-/erste Septemberwoche).
STARTPUNKT Resurrection Pass nahe Hope, Kenai Peninsula. Keine öffentlichen Verbindungen nach Hope. Auto- oder Bustransfer von Anchorage zu den Außenbezirken: Earth Tours (Bill Merchant), 1001 W. 12th Avenue, Anchorage, Alaska 99501, Tel. +1-907-2799 907, E-Mail: earthtrs@alaska.net
ENDPUNKT Exit Glacier bei Seward, südliche Kenai Peninsula. Im Sommer verkehren täglich Busse und Züge zwischen Anchorage und Seward.
DAUER 5–7 Tage (116 km).
HÖCHSTER PUNKT Resurrection Pass (792 m).
TECHNISCHE ANFORDERUNGEN Mittlere körperliche Fitness wichtig. Gute, nicht markierte Route, mit Ausnahme des Resurrection River Trail (die letzten 25 km), der oft überwuchert ist und schwierige Flussdurchquerungen erfordert. Kein Klettern.
AUSRÜSTUNG Bequeme. feste Trekking-Stiefel, warme Kleidung und Regenschutz, Rucksack, Zelt, Schlafsack und Isomatte, Verpflegung und Kochutensilien, Insektenschutz.
CHARAKTER Rucksacktour. Auf der Route mehrere Hütten des US Forest Service. Übernachtungen an Plätzen bei Hütten und einigen Stellen dazwischen.
GENEHMIGUNGEN/BESCHRÄNKUNGEN Keine Camping-Beschränkungen im Chugach Nat. Forest.
GEFAHREN Wo Bären leben, ist immer Vorsicht geboten. Vor allem bei eingeschränkten Sichtverhältnissen Krach machen, um Bären auf Distanz zu halten. Sich niemals einem Bären nähern, stets einen Mindestabstand von 100 m halten, besonders bei einer Bärin mit Jungen. Übernachtet wird stets im Zelt. Lebensmittel und Kochutensilien mind. 100 m entfernt lagern. Essbares (auch Abfälle) fest verschlossen oder in Bäumen 3 m über dem Boden aufbewahren. Gletscherflüsse am besten morgens durchqueren, wenn das Wasser den niedrigsten Stand hat. Flüsse nie barfuß oder mit nackten Beinen durchwaten. Durchquerungen nur in der Gruppe mit eingehakten Armen oder mit Seilsicherung; Rucksackgurte lockern und Taillengurt lösen, um den Rucksack im Notfall abwerfen zu können.
Die Moskitos sind hier so groß, dass sie oft als »Nationaler Vogel Alaskas« bezeichnet werden. Die meisten gibt es Ende Juni.
KARTEN USGS (United States Geological Survey) 1:63 360; 2 Karten für den nördlichen Teil der Tour: *Seward (D-a) und Seward (C-8)*.
Für den südlichen Teil: Trails Illustrated Topographical Map, etwa 1:100 000; Karte 231: *Kenai Fiords National Park*.

INFORMATIONEN Alaska Division of Tourism, PO Box 110801, Juneau, AK 99811, Tel. +1-907-4652 010. Mountaineering Club of Alaska, PO Box 102037, Anchorage, AK 99510, Tel. +1-907-2721 811. Alaska Public Lands Inf. Centre, 605 West 4th Avenue, Anchorage, Alaska 995091, Tel. +1-907-2712 737 (in dem Büro erhält man alle Informationen über Alaskas Nationalparks). Website: www.alaskan.com (Alaska allgemein) E-Mail: mca@alaska.net

In der Nacht lagerten wir am wilden Ufer des Upper Russian Lake. Als wir schlafen gingen, zogen dunkle Wolken vom riesigen Harding Icefield nach Süden. Wind kam auf und verwandelte den See in ein tosendes ungestümes Wasserwesen. Die Bäume bogen sich und knarrten bedrohlich. Nur zwei von uns blieben im Freien und unterhielten sich im Dunkeln leise über den herannahenden Sturm. In diesem Moment spazierte ein Amerikanischer Vielfraß mitten durch unser Lager und warf nicht einmal einen Blick auf unsere versteinerten Gestalten. Dieser etwa dachsgroßen Kreatur, die mit dem Wiesel verwandt ist, begegnet man in Alaska mit einiger Furcht. Es heißt, dass sogar Grizzlybären bei der Begegnung mit einem Vielfraß zurückweichen. Aufgerüttelt zogen wir uns in die Zelte zurück und lauschten dem Wind … bis wir plötzlich hören konnten, wie draußen ein Kochtopf bewegt wurde. Durch einen winzigen Spalt in der Zeltklappe schaute ich in die Dunkelheit und sah dicht vor unserem Zelt die unverwechselbare Silhouette eines Grizzly. Die riesige schwarze Gestalt bewegte sich durch unser Lager auf den See zu, von dem immer noch das hektische Springen der Lachse zu hören war. Nachdem wir fast eine Ewigkeit den Atem angehalten hatten, zog der Bär weiter – die Lachsmahlzeit schien ihn doch mehr zu

Das letzte Stück unserer Tour führte am Resurrection River entlang und gestaltete sich sehr schwierig: Mehrere Brücken waren fortgespült worden, was uns zu unangenehm frischen Flussdurchquerungen zwang. Zahllose Bäume waren auf den Weg gestürzt und bildeten lästige Hindernisse. Nur einmal ermöglichte uns ein Baumstamm, den letzten größeren Creek trockenen Fußes zu überwinden, ehe wir den Wald auf der Exit Glacier Road verließen. Zufrieden wanderten wir auf die Zunge des Exit Glacier zu, den Endpunkt unserer Tour … und meine Fantasie kreiste schon um die nächste Reise nach Alaska.

LINKS *Ein Stimmungsbild im frühen September, wie es für Alaska typisch ist: Die Blätter verfärben sich und der erste Schnee bedeckt die Gipfel.*

OBEN *Eine willkommene »natürliche« Brücke über den Resurrection River. Die Flüsse, die das Schmelzwasser der Gletscher speist, sind unglaublich kalt.*

CONTINENTAL DIVIDE TRAIL

Auf dem Rückgrat der Rocky Mountains

Die Rocky Mountains von Kanada bis New Mexico, Westen der USA

CHRIS TOWNSEND

Ein Fernwanderweg von Kanada bis Mexiko – Benton Mackaye, der Initiator des Appalachian Trail, hatte 1966 als Erster die Idee dazu. 1968 gab der amerikanische Kongress im Rahmen des National Trails System Act eine Studie in Auftrag. Fünf Jahre später wanderte Jim Wolf durch Nord-Montana und entwickelte die Vision einer Route entlang dem Continental Divide, der großen amerikanischen Wasserscheide. Seither wurde er nicht müde, an der Verwirklichung seines Traums zu arbeiten. Der Kongress bestimmte 1978 den Namen National Scenic Trail, und noch im selben Jahr gründete Wolf die Continental Divide Trail Society zur Planung, Entwicklung und Erhaltung des Trails. Heute gehört er zu den großen Trekking-Routen der Welt.

Die 5000 km des Continental Divide Trail ziehen sich durch den gesamten amerikanischen Westen (obwohl offiziell nur ein 1282 km großes Teilstück von Kanada durch Montana und Idaho bis zum Yellowstone-Nationalpark dazugehört). Die Route durchquert die dunklen Wälder und dramatischen Gebirge der nördlichen Rocky Mountains sowie die farbenprächtige Wüste von New Mexico. Fast 20 Breitengrade liegen zwischen ihrem nördlichen und südlichen Ende, was markante Unterschiede der Klimazonen und der Ökosysteme mit sich bringt: In Montana verläuft die Baumgrenze bei 2700 m, in New Mexico bei 3600 m. Über weite Strecken wandert man in Höhen über 2000 m, auf dem höchstgelegenen Teilstück durch Colorado zeigt der Höhenmesser kilometerweit mehr als 3000 m an. Oft zieht sich der Divide Trail durch einsame Wildnis, aber man passiert auch Ranchland, Rodungs- und Minengebiete sowie Indianerreservate. Unterwegs stößt man wiederholt auf Zeugnisse der bewegten Geschichte Amerikas: von den Spuren der Wagen-Treks auf dem Oregon Trail in Wyoming bis zu den Anasazi-Ruinen und den Felsenwohnungen der Mogollon People in New Mexico.

Die ersten Europäer, die den Nordteil des Continental Divide überschritten, waren Meriwether Lewis und William Clarke. Sie befanden sich 1805 auf einer Expedition durch den nordamerikanischen Kontinent zum Pazifischen Ozean. Den südlichen Teil hatten sie dagegen schon weit früher erreicht: Inschriften der Spanier im weichen Sandstein von El Morro (Inscription Rock) in New Mexico stammen aus der Zeit ab 1605.

Den CDT in seiner Gesamtheit zu gehen kommt einer Expedition gleich, da erst 70 Prozent der Route ausgewiesen sind. In einigen Bergregionen liegt wahrscheinlich Schnee. Und wer im Norden einsteigt, wird vermutlich gleich zu Beginn im Glacier National Park damit konfrontiert und dann eventuell nochmals in Süd-Colorado, während man auf dem Weg nach Norden anfangs in Süd-Colorado mit Schnee rechnen muss und dann nur hoffen kann, durch die nördlichen Rockies zu gelangen, ehe im Herbst weiße Flocken die Hänge überzuckern. Bergwanderer auf dem Weg nach Norden durchqueren zu Anfang ihrer Tour leichtes, flaches Gelände. Wer jedoch in umgekehrter Richtung unterwegs ist, muss sich gleich in sehr felsigem Terrain bewähren. Ganz im Gegensatz zu den nördlichen Gebirgszügen kann man New Mexico auch spät im Jahr durchwandern. Darum erscheint die Nord-Süd-Route die flexiblere zu sein. Jim Wolfs hervorragende Trekking-Bücher beschreiben die Strecke jedenfalls in dieser Richtung, und auch ich habe sie für diesen Beitrag gewählt.

Der CDT beginnt im Glacier National Park, einem besonders spektakulären Areal der Rocky Mountains, wo die meiste Zeit des Jahres Schnee liegt. Der Trail zieht sich in beträchtlicher Höhe über steile Berghänge wenig unterhalb des zerklüfteten Gebirgskamms, der die Wasserscheide bildet. Im Süden des Parks gelangt man in das größte straßenfreie Gebiet der USA außerhalb Alas-

LINKS OBEN *Gila Cliff im Süden New Mexicos: Die Felsenwohnungen wurden im 13. Jh. von den Mogollon People gebaut und nach nur 40 Jahren verlassen.*
LINKS *Im Glacier National Park führt der Trail oberhalb des idyllischen St. Mary's Lake viele Kilometer durch Nadelwald.*

GANZ OBEN *Dieser Blick vom James Peak in den Colorado Rockies nach Süden auf den Continental Divide zeigt die höchstgelegene Teilstrecke der Tour.*
OBEN RECHTS *Ein Bergwanderer vor der Chinese Wall, einer 300 m hohen Kalksteinwand in der Bob Marshall Wilderness im US-Bundesstaat Montana.*

kas und durchquert die Bob Marshall und die Scapegoat Wilderness. Im ersten Gebiet folgt die Route dem Fuß der Chinese Wall, einer kilometerlangen, imposanten Steilwand aus Kalkstein, die 300 m über den Wald aufragt. Ein Großteil des Trails führt hier durch bewaldetes Gebiet, zahlreiche Bäche müssen durchquert werden, was in Zeiten der Schneeschmelze zu Saisonbeginn gewisse Risiken mit sich bringt. Die Scapegoat Wilderness dagegen ist trockener und offener, und man kommt leichter voran.

Danach folgt leichteres Gelände, in Zentral-Montana verläuft der Trail auf sanften Hügeln häufig direkt am Continental Divide. Hinter der Stadt Butte schwenkt der CDT dann nach Westen und umrundet Big Hole, das westlichste Tal des Mississippi-Missouri-Flusssystems. Die Landschaft verändert sich deutlich, sobald man die wunderschöne Bergregion der Anaconda-Pintler Wilderness mit ihren vielen Seen im Bereich der Baumgrenze erreicht.

Am Lost Trail Pass an der Grenze zu Idaho schwenkt die Route wieder nach Süden. Hier hatten Lewis und Clarke einst die Wasserscheide überquert. Die Strecke durch die großartigen Bitterroot Mountains ist anstrengend, Versorgungsstationen liegen weit auseinander und nicht an der Route. Doch die abgeschiedene Gegend mit ihren hohen Gipfeln, kristallklaren Seen und Blumenwiesen entschädigt für alle Strapazen und Entbehrungen. Weniger anspruchsvoll sind die Wege durch die im Osten liegenden Hügel, auf denen große Rinderherden grasen. Sie gehen über in die Centennial Mountains, eine leicht geneigte Tafelberglandschaft mit Wiesen und kleinen Wäldern.

Jenseits der Centennials erreicht man auf dem Trail schließlich Wyoming und den weltberühmten Yellowstone National Park. Die Route windet sich durch Kiefernwald mit sprudelnden heißen Quellen, Geysiren und anderen vulkanischen Erscheinungen. Die Landschaft überrascht bald darauf mit spektakulären Szenerien in der Teton Wilderness, einer Region mit tiefen, einst vergletscherten Tälern zwischen massigen Felswänden in leuchtenden Farben. Eine bemerkenswerte Stelle ist hier *Parting of the Waters,* wo sich der kleine North Two Ocean Creek teilt: Ein Arm fließt über etwa 5600 km nach Osten in den Atlantik, der andere 2200 km nach Westen in den Pazifik. In der Wind River Range, dem letzten grandiosen Teilstück der nördlichen Rockies, steigt man zurück ins Hochgebirge. Hier verläuft der Trail meist oberhalb 3000 m.

In Montana und Wyoming durchqueren die Wanderer meist die Rockies der montanen und subalpinen Vegetationszone. Riesige Nadelwälder mit Kiefern und gewaltigen Douglastannen reichen bis zur Baumgrenze, wobei dort Engelmannfichten, Tannen und Lärchen dominieren, die sich im Herbst leuchtend orange verfärben. In tieferen Lagen wachsen außerdem Zitterpappeln mit ebenfalls spektakulärer Herbstfärbung sowie Haine der amerikanischen Pappel in Wassernähe. An Lichtungen stehen Erle, Weide, Wildkirsche und Ahorn

OBEN *Der abgelegenste Teil des Continental Divide Trail zieht sich durch das komplexe Gebirgsland der Bob Marshall Wilderness.*

sowie vielerlei Sträucher. Einen bezaubernden Anblick bieten sie während der Blüte und im Herbst, doch wer sich verläuft und durch das Dickicht zurückfinden muss zum Pfad, wird sie verfluchen. Juli oder August sind die Monate der Wildblumenwiesen (dann den Blumenführer nicht vergessen!).

Etwa 60 verschiedene Säugetierarten leben in den nördlichen Rockies, aber Wanderer bekommen fast nur Rotwild zu Gesicht. Im Südteil sind die feuchteren Gebiete das Revier der Elche, die im Marschland und in seichten Seen in der Dämmerung zu beobachten sind. Die Felsregion oberhalb der Baumgrenze ist Heimat der flauschig weißen Schneeziegen, gelegentlich sieht man auch Dickhornschafe. Die aufregendsten Tiere sind natürlich die Bären. Schwarzbären kann man entlang der gesamten Route begegnen, Grizzlybären im Glacier und Yellowstone National Park sowie in der Bob Marshall und Teton Wilderness. Kojoten wiederum wird man in der Dämmerung meist nur hören.

Überall in den Wäldern sind Eichhörnchen weit verbreitet; auch die putzigen Chipmunks, Streifenhörnchen, wird man ab und zu sehen. In Geröllfeldern nehmen Murmeltiere gern ein Sonnenbad und pfeifen laut, wenn sie sich bedroht fühlen. Stachelschweine dringen manchmal in die Lager ein und versuchen Stiefel oder Kleidung (wegen des Salzgehalts) zu fressen. Ideal ist ein Stock, um sie zu verscheuchen. Bibern begegnet man nur selten, aber in vielen ruhigen Bächen und Flüssen kann man ihre Dämme entdecken.

In den nördlichen Rockies sind zwar zahlreiche Vögel beheimatet, doch bleiben sie meist im Wald verborgen. In Nähe der Lager sieht man Eichel- und Tannenhäher, die auf Nahrungsreste lauern. Heimisch sind Waldhühner, mehrere Spechtarten, Finken und Sperlinge. Oberhalb der Baumgrenze kreisen manchmal Raben, Rotschwanzbussarde und – seltener – Steinadler.

Südlich der Wind River Range führt die Route hinab ins Great Divide Basin. Hier verändert sich die Landschaft dramatisch. Das Gebirge teilt sich und begleitet ein immenses Wüstenareal. Da der Trail in diesem Abschnitt nicht markiert ist, muss man eine Zeitlang auf der Straße gehen. Das Great Divide Basin ist noch Lebensraum von Wildpferden und anmutigen Gabelböcken.

Südlich des Basin steigt die Route wieder langsam durch die Berge der Sierra Madre an, verlässt Wyoming in Richtung der Colorado Rockies, einer Gruppe

OBEN *Die Schneeziege ist das Symbol der nördlichen Rockies. Die Tiere sind perfekte Kletterer und haben sich ideal an das steile Terrain angepasst.*
LINKS *Der Halfmoon Creek in der Sawatch Range (Colorado) trennt die höchsten Berge der Rocky Mountains – Mount Elbert und Mount Massive.*

kleiner hoher Gebirgszüge. Fast auf der gesamten Strecke durch Colorado ist der Trail gut markiert. Hat man Mount Zirkel Wilderness durchwandert, sind die Bergketten Park, Rabbits Ears und Never Summer sowie die Ausläufer des Rocky Mountain National Park die nächsten Ziele. Weiter geht es nach Süden durch die Indian Peaks Wilderness und am Kamm des Front Range entlang, dem höchsten Teilstück der Tour. Im Anschluss folgen die beiden höchsten Berge der Rocky Mountains: Elbert (4395 m) und Massive (4399 m), die leicht bestiegen werden können. Der CDT verabschiedet sich von Colorado in einem langen Bogen um den Talschluss des Rio Grande Valley in den wunderbar zerklüfteten San Juan Mountains und der Weminuche Wilderness.

Die Tier- und Pflanzenwelt der Colorado Rockies entspricht der in den nördlichen Rocky Mountains, doch gibt es hier keine Grizzlybären. Im Frühsommer begeistert auf Wald- und Bergwiesen eine reiche Blumenpracht, und im Herbst erglühen viele Sträucher und Zitterpappeln vor dem dunklen Grün der Koniferen in leuchtendem Rot und Gelb.

Der Abstieg von den San Juan Mountains führt in den letzten Bundesstaat der Tour, New Mexico, wo der Trail meist auf unbefestigten Straßen offenes Wüstengebiet durchquert, denen riesige Wolkenlandschaften Dramatik verleihen. Zu den Höhepunkten der Strecke gehören die gewaltige Chaco Mesa, ein vielgestaltiges Plateau, das von steilen Kliffs gesäumt wird, ferner die bewaldeten Kämme der Zuñi Mountains und El Morro National Monument. Dornengestrüpp überzieht die Wüste, während Pappeln und Weiden die wenigen Flussläufe säumen. In Hochregionen wie der Chaco Mesa trotzen die niedrige Nusskiefer (Pinyon Pine) und Wacholder dem extremen Klima.

Kurz vor dem Ende der Tour wandeln sich Vegetation und Topographie ein weiteres Mal. Die Route führt bergauf in den Gila National Forest, zurück in die Gebirgs-Nadelwälder mit gelegentlichen Horsten von Zitterpappeln und schönen Exemplaren der Gelbkiefer. Hier empfiehlt sich ein Abstecher zu den Gila Cliff Dwellings, hoch in den Felsen gelegenen indianischen Behausungen. Auf unbefestigten Straßen südlich des Gila National Forest gelangt man entweder zu den Antelope Wells oder nach Columbus, den beiden möglichen Endpunkten der Tour. Hier, so nahe an der Grenze zu Mexiko, wird man die Gedanken noch einmal schweifen lassen, Erinnerungen wecken – an die fantastischen Landschaften des Nordens und die Abenteuer der 5000 km zu Fuß.

OBEN *Die höchsten Berge am Continental Divide Trail liegen in der Sawatch Mountain Range. Sieben der Berge sind über 4300 m hoch.*

RECHTS OBEN *Das beeindruckende Panorama des nördlichen Continental Divide vom James Peak in der Front Range (Colorado).*

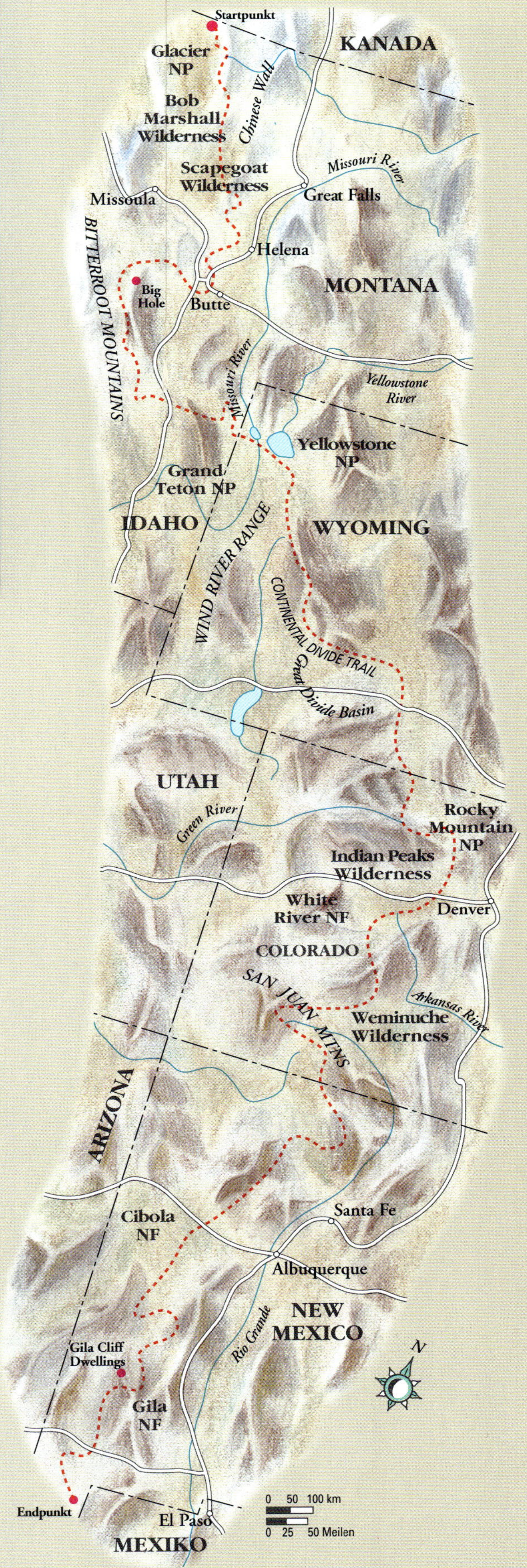

LAGE Die gesamten Rocky Mountains von der kanadischen Grenze bis New Mexico, USA.

BESTE ZEIT In Nord-Süd-Richtung: Ende Juni bis November; in Süd-Nord-Richtung: Ende April bis Oktober. Es ist ideal, den CDT über mehrere Jahreszeiten hin zu begehen: Mitte Juli bis Mitte September in Montana, Wyoming und Colorado; im Frühjahr oder Herbst (März bis Mai bzw. Oktober bis November) sind die besten Zeiten für New Mexico.

START-/ENDPUNKTE Süden: Antelope Wells oder Columbus (New Mexico); Norden: Glacier National Park (Montana) oder Waterton Lakes National Park (Alberta). In den Postämtern in Lincoln (Montana), Tendoy und Leadore (Idaho) können sich Bergwanderer des CDT freiwillig registrieren lassen.

DAUER 4–6 Monate (5000 km).

HÖCHSTER PUNKT Front Range's Parry Peak, Colorado (4081 m).

TECHNISCHE ANFORDERUNGEN Eine Tour für erfahrene Trekker, die sich gut orientieren können, da die Route nicht überall markiert ist. Einige Teilstrecken sind sehr steil und schwierig. In manchen trockenen Gebieten muss Wasser mitgeführt werden. Versorgungsstellen liegen weit auseinander; oft muss Verpflegung für mind. eine Woche mitgenommen werden. In den Wüsten herrscht heißes, trockenes Klima. In den Bergen ist es warm, mit Gewittern am Nachmittag; im Herbst und Winter schneit es.

AUSRÜSTUNG Wanderstiefel, Rucksack, Zelt, Schlafsack (bis -10 °C), Verpflegung und Kochutensilien, warme Kleidung, Regenschutz. GPS ist sinnvoll.

CHARAKTER Rucksacktour. Übernachtung im Zelt.

GENEHMIGUNGEN werden für Glacier und Yellowstone National Park und einige weitere Gebiete in der Wildnis benötigt. Neueste Informationen erhält man bei: CDTS oder CDTA (siehe unten).

GEFAHREN In vielen Gebieten gibt es Schwarzbären. Meist stellen sie kein Problem dar, doch sollte man sich bei den Rangern vor Ort informieren. Grizzlybären gibt es in der Teton Wilderness und im Yellowstone National Park in Wyoming sowie im Glacier National Park und in der Bob Marshall Wilderness in Montana. Begegnungen sind unwahrscheinlich, aber man sollte Schutzvorkehrungen treffen. Größere Gefahren stellen Flussdurchquerungen dar, Gewitter, Unfälle in den Bergen oder in entlegenen Gebieten, außerdem auch Hypothermie.

INFORMATIONEN Continental Divide Trail Society (CDTS), 3704 North Charles Street #601, Baltimore, MD 21218, USA
Website: www.gorp.com/cdts
E-Mail: cdtsociety@aol.com
Continental Divide Trail Alliance (CDTA), PO Box 628, Pine, CO 80470, USA.
Website: www.cdtrail.org; E-Mail: cdnst@aol.com

SÜDAMERIKA

EL VALLE EXPLORADORES

Durch die eisigen Flüsse Patagoniens

Die Region Aisén del General Carlos Ibáñez del Campo, Chile

DAVE WILLIS

Die meisten Besucher Chiles zieht es in die Atacama-Wüste, nach Puerto Montt oder in den Nationalpark Torres del Paine. Für viele sind jedoch auch die Seen und Gletscher des Parque Nacional Laguna San Rafael in der Region Aisén del General Carlos Ibáñez del Campo überaus attraktiv. Denn hier können Abenteuerlustige einige der außergewöhnlichsten und anspruchsvollsten Touren im gesamten Land unternehmen.

Diese Region im Norden Patagoniens liegt in einer Zone, wo drei tektonische Platten aufeinander treffen, und ist wegen der zahllosen Erdbeben und Vulkane von großem geologischem Interesse. Die meisten Erschütterungen sind so schwach, dass Menschen sie gar nicht bemerken, doch die sensiblen Messgeräte registrieren alle 20 Minuten ein neues Beben. (Während unseres Aufenthalts brach ein großer Vulkan aus und zerstörte ein Gebiet von über 130 qkm Größe.) Da hier aber nur eine Hand voll Farmerfamilien lebt, wird ein Großteil der seismischen Aktivität gar nicht gemeldet.

In Nord-Patagonien herrscht ein gemäßigtes Klima und die vom Pazifik herziehenden Stürme bringen reiche Niederschläge. Riesige Gebiete unberührten Regenwalds, vergletscherte Täler und Berge prägen den Charakter der noch weitgehend unerforschten Wildnis, die beinah unerschöpfliche Möglichkeiten für Trekking-Touren bietet. Eine davon ist das Tal des Río Exploradores.

Mitte der 1970er-Jahre wurde der Lauf des Río Exploradores für eine mögliche Straßenverbindung zur Küste vermessen. Die Straße wurde nie gebaut, aber man legte eine Art Pfad an, der bis heute, obwohl überwuchert und mitunter schwer passierbar, von den örtlichen Farmern genutzt wird. Viele der alten, blauen Markierungen sind nach wie vor im dichten Unterholz zu entdecken.

Die beschriebene Route folgt den Tälern von Río Norte, Circo und Exploradores. Übernachtet wird unter freiem Himmen in Flussnähe, wo es reichlich Bruchholz für Lagerfeuer gibt. Ausgangspunkt ist Puerto Tranquilo am Ufer des Lago General Carrera. Hier kann man im Geschäft Campo Lindo Vorräte kaufen und sich bei den Einheimischen Tipps holen. Die Strecke zum Golfo de Elefantes beträgt 90 km und sollte in neun Tagen zu bewältigen sein. Namensgeber für die enge Bucht, die die Taitao-Halbinsel vom Festland trennt, waren die See-Elefanten, die man im Sommer antrifft.

Hat man die Straße verlassen, ist der markierte Pfad am stark versandeten Flussufer mit den vielen abgestorbenen Bäumen schnell gefunden. Zwar sinkt man manchmal in den feuchten Schlamm, doch der Weg ist leicht passierbar. (Unser einziges Problem war das Gewicht unserer Rucksäcke. Meiner wog 19 kg – neun Tagesrationen von je 1 kg plus meine Ausrüstung.)

Am zweiten Tag verengt sich das Tal, das von steilen Felswänden gesäumt wird, am Flussufer verdichtet sich der Bewuchs mit Sträuchern und kleinen Bäumen. Nach einer Weile führt der Pfad plötzlich in den inzwischen recht tiefen, schnell fließenden Fluss und taucht am anderen Ufer wieder auf. Es bleibt keine andere Wahl, als den Fluss zu durchqueren, denn auf dieser Seite versperren Felsen den Weg. Der Río führt Schmelzwasser von den Gletschern und ist eisig kalt. Es gibt weder Brücken noch sichere Furten, und darum gehören Flussdurchquerungen zum gefährlichsten Teil einer solchen Trekking-Tour. Wir hatten noch etliche Flusspassagen vor uns, und jedes Mal würden wir danach Feuer machen, um unsere Kleidung zu trocknen und uns aufzuwärmen. Die größte Gefahr bei derlei Aktionen ist eine Unterkühlung!

Jeder Berghang, jedes Tal ist hier von dichtem Wald überzogen, der selbst die Ufer der Wasserläufe einhüllt. An der Südseite des Flusses verschwindet der Pfad ganz einfach im Dickicht. Man muss nicht nur an umgestürzten Baumstümpfen vorbei, sondern auch über sie hinweg- und unter ihnen hindurchklettern, während man die nächste verblasste Markierung sucht. Wie alle Ein-

LINKS OBEN *Noch eine Flussdurchquerung! Der Río Norte führt Schmelzwasser aus dem Campo de Hielo Norte, dem Nördlichen Eisfeld, weshalb überraschende Wasserstandsschwankungen vorkommen.*

LINKS *Puerto Ibáñez, einer der kleinen Häfen am Ufer des beeindruckenden Lago General Carrera.*

GANZ OBEN *Der Blick auf das Nördliche Eisfeld (Campo de Hielo Norte).*

OBEN *Die Britin Dr. Ruth Murdy überwacht eine seismische Messung am Ufer des Río Exploradores, einer hochaktiven Erdbebenregion.*

VORHERGEHENDE SEITEN *Die Inka-Siedlung Machu Picchu bildet den Höhepunkt des uralten Inka-Trail mit drei Schwindel erregend hohen Pässen.*

heimischen sollte man eine Machete dabei haben. Besonders erschwert wird das Vorankommen durch die dichten Bambushorste.

Am vierten Tag führt die Route aus diesem silvanen Wirrwarr hinaus auf einen guten Pfad am Río Norte, der inzwischen erheblich an Breite gewonnen hat. Nach Stunden mühsamer Kletterei kann man nun wieder entspannt wandern und den Blick auf die hohen Berge genießen, die über dem weiter werdenden Tal thronen. Fast keiner dieser Gipfel ist mit Namen auf einer Karte verzeichnet, weil vermutlich nur die wenigsten je bestiegen wurden. Infolge der dichten Bewaldung sind sie extrem schwer zugänglich.

Wo der Río Norte zum Río Circo wird, bietet der Lago Bayo ein besonders malerisches Landschaftsbild. So weit von der Zivilisation entfernt scheinen Ruhe und Frieden mit allen Sinnen fassbar. Gelegentliche verrottende Markierungspfosten, die vor über 30 Jahren zum letzten Mal erneuert wurden, sind die vermeintlich einzigen Hinweise, dass hier schon einmal jemand war. Tatsächlich ziehen jedoch ab und zu *huasos* (chilenische Cowboys) mit ihren Viehherden durch.

Das Gefühl der ungezähmten Wildnis verstärken die Begegnungen mit wilden Tieren. Tag für Tag sieht man die Kondore am Himmel kreisen, deren enorme Größe aus der Distanz kaum augenfällig wird. Gelegentlich zeigt sich ein Fischuhu oder man entdeckt frische Pumaspuren. Doch zu Gesicht bekommt man die außergewöhnlich scheuen, schönen Wildkatzen eigentlich nie.

Nach dem Lago Bayo vereint sich der Río Circo mit zwei anderen Flüssen zum Río Deshielo. Als wir diesen Ort erreichten, hatte das Schmelzwasser aus den Schneegipfeln des Campo de Hielo Norte, des Nördlichen Eisfelds, den Pegel extrem anschwellen lassen. Wir fürchteten ernsthaft, nicht weitergehen zu können. Zum Glück gelang uns am nächsten Morgen um fünf Uhr die Durchquerung, ehe die Sonne wieder große Mengen Eis zum Schmelzen brachte. Ab dieser Stelle werden die Bedingungen spürbar besser: Schwemmsand und Schlamm ergeben einen guten Untergrund zum Wandern. Eine Überquerung des Río Circo gestaltet sich allerdings zunehmend tückischer.

Weiter flussabwärts heißt der Circo dann Río Exploradores, der auf seinem Weg zur Küste immer breiter und tiefer wird. Bei einer Farm mit Namen Teresa folgt eine letzte Flussdurchquerung. Doch dank der Küstennähe ist dieses Gebiet nicht ganz so einsam und es gibt eine einfache Fähre mit Flaschenzug.

Verläuft die Tour ohne Zwischenfälle, erreicht man nach einer angenehmen Wanderung durch Bambuswald und lichter werdendes Unterholz am Fluss die Küste. Die Tour entsprechend der Planung auch zu beenden ist extrem wichtig: Vom Endpunkt kann man nämlich nur einmal wöchentlich mit dem Boot zurückkehren, es sei denn, man möchte die Route noch einmal gehen. Vor allem muss man die Bootspassage mit dem einfachen Versorgungsschiff für die Farmer der Region unbedingt im Voraus organisieren.

Es ist ein erfüllendes Erfolgserlebnis, das Valle Exploradores durchwandert und die vielen damit verbundenen Hürden gemeistert zu haben. Dieses Gefühl hat in mir den Eindruck der unberührten Landschaft noch gesteigert, und zufrieden fuhr ich den Golfo de Elefantes hinauf …

RECHTS *Seile wurden gespannt, um die Querung des Río Norte am Lago Bayo zu erleichtern. Oft muss man sich nach Flusspassagen am Lagerfeuer aufwärmen.*

LAGE Lago General Carrera, Nord-Patagonien, Chile.
BESTE ZEIT September bis Mai; im Hochsommer (Januar) ist es jedoch am wärmsten und regnet am wenigsten.
STARTPUNKT Puerto Tranquilo, an der Straße von Coihaique nach Cochrane. Dies ist die Carretera (Staatsstraße) 7, auch *Longitudinal Austral* genannt, die einzige Straßenverbindung im Süden Chiles. Die meisten Reisenden starten in Puerto Aisén, das über einen Flughafen und eine Fährverbindung nach Santiago verfügt. Puerto Tranquilo erreicht man von Puerto Aisén per Bus oder Taxi.
ENDPUNKT Golfo de Elefantes. Nur einmal wöchentlich kommt ein Versorgungsschiff vorbei. Die Rückfahrt nach Puerto Aisén muss man im Voraus in Puerto Aisén buchen.
DAUER 9 Tage (90 km).
HÖCHSTER PUNKT Durchgängig verläuft die Wanderung etwa auf Meeresspiegelhöhe.
TECHNISCHE ANFORDERUNGEN Eine Tour durch die Wildnis, auf der man weitgehend auf sich selbst gestellt ist. Nur für erfahrene, trainierte Gruppen. Erfahrung mit Flussdurchquerungen ist unerlässlich. In den abgeschiedenen Gebieten Chiles werden Nachrichten meist über die lokale Radiostation weitergeleitet. Farmer, die ihre Tiere in den Sommermonaten in entlegenen Tälern halten, bleiben so mit ihren Familien in Kontakt, und die meisten hören natürlich auch die Radiosendungen. (In Puerto Tranquilo schickten wir einem Farmer, der uns mit seinen Pferden über den Río Circo bringen wollte, über die Radiostation Santa María eine Nachricht. Leider zerschlug sich unser Plan über Nacht, als seine Ponys ausbrachen und den Fluss durchquerten, um auf der anderen Seite zu grasen.)
AUSRÜSTUNG Sämtliche Verpflegung, Kochutensilien und Ausrüstung muss man selbst tragen. Dazu gehören Feueranzünder, eine Machete, feste Seile (für Flussdurchquerungen) und ein Funk- und Radiogerät für Notfälle. Hat man die Straße verlassen, gibt es keine Versorgungsstellen mehr. Regenschutz ist unerlässlich. Die Rucksäcke müssen von innen mit wasserdichtem Spezialmaterial geschützt sein.
CHARAKTER Rucksacktour, zum Teil durch dichten Urwald. Die Route ist manchmal nur schwer auszumachen, erfordert überlegtes Vorgehen, jedoch auch Orientierungsvermögen. Übernachtung meist im Zelt; ab und zu bieten verlassene Hütten Schutz. Damit die Rucksäcke nicht zu schwer sind, sollten Biwaksäcke statt gewichtiger Zelte mitgenommen werden.
GENEHMIGUNGEN Zurzeit keine erforderlich. Man sollte die Carabiñeros vor Ort informieren, wohin die Tour führt und wie lange man denkt unterwegs zu sein.
KARTEN Landkarten erhält man beim chilenischen Instituto Geográfico Militar, Nueva Santa Isabel, Isabel No. 1640, Santiago de Chile.
INFORMATIONEN Nach/von Coihaique: Fähren, Tel. 2 19 71; Busse, Tel. 2 29 87; Luft-Taxi, Tel. 2 11 72.
Southern Summits (für Outdoor-Aktivitäten) Merced 102–106, Casilla 1045 (22), Santiago de Chile; Tel. +56-2-337784.
Websites: www.samexplo.org; www.latinworld.com

LINKS *In der Nähe des Lago Bayo wird der Wald lichter und die müden Wanderer finden am Abend leichter einen geeigneten Lagerplatz.*

OBEN *Der Golfo de Elefantes verdankt den See-Elefanten in der Bucht seinen Namen. Die Jungtiere kommen auf den eisfreien Inseln ab September zur Welt.*

INKA-TRAIL

Auf den Spuren der Inka

Die Anden in Peru

DAVE WYNNE-JONES

Die berühmte Hochgebirgstour des Inka-Trail folgt einer alten Inka-Straße über drei hohe Pässe mit einem atemberaubenden Panorama der Nevados genannten Schneegipfel und der Cordillera Vilcabamba, ehe man zu den Ruinen der vorspanischen Stadt Machu Picchu gelangt. Die vielgestaltige Landschaft, die die Wanderer durchqueren, umfasst hoch gelegene *puna* (kaltes, trockenes Grasland mit Sträuchern), Felshänge, Flusstäler, Seen und Sumpfland sowie unheimliche Nebelwälder. Unterwegs einem der vom Aussterben bedrohten Brillenbären oder einem Tapir zu begegnen, ist sehr unwahrscheinlich, sicherlich trifft man jedoch auf Lamas, kaninchenartige *viscachas*, Kolibris, Enten, Greifvögel und jede Menge Schmetterlinge. Aber man bewegt sich hier nicht in einsamer Wildnis. *Campesinos* bewirtschaften das Umland der Dörfer, Ranger patrouillieren auf der Route und zahllose Wanderer stellen sich der Herausforderung, sodass die Zeltplätze während der Hochsaison (Juni/Juli) schon einmal überfüllt sein können. Trotzdem ist die Tour zu den faszinierenden Inka-Ruinen ein Abenteuer für Körper und Geist.

Vor den Inka hatte es in den Anden schon mehrere Kulturvölker gegeben, doch keines hatte ein derart mächtiges Imperium geschaffen – und dies in nur 100 Jahren, ehe schließlich die Spanier Südamerika eroberten. Da die Inka keine Schrift kannten, gründet sich unser ganzes Wissen über die Kultur auf die Berichte spanischer Priester. Diese zeichneten die Erzählungen einiger Gefangener auf, dennoch bleibt vieles ein Geheimnis. Archäologen haben Theorien über die Ruinen aufgestellt, niemand aber konnte bisher erklären, wie solch feine Steinmetzarbeiten mit Werkzeugen aus Kupfer möglich waren.

Seine Existenz verdankt der Inka-Trail dem Yale-Historiker Hiram Bingham, der Archäologe wurde, nachdem er bei einem Besuch in Peru Inka-Ruinen gesehen hatte. 1911 entdeckte er die Anlage von Machu Picchu und verbrachte mehrere Jahre mit der Ausgrabung der Ruinen. Auch folgte er einigen Straßen, die zu anderen Siedlungen führten. Zum Dank benannte man die Straße von der Bahnhofsstation in Puente Ruinas nach Machu Picchu nach ihm.

Weitere Entdeckungen machten 1934 Luis Valcarel und zwischen 1940 und 1942 Paul Frejos. Inzwischen wurde die Region zum Nationalpark und durch die UNESCO zum Weltkulturerbe erklärt.

Der Reiz des Inka-Trail besteht in der großartigen Gebirgslandschaft und den Ruinen mit ihrer ganz besonderen Atmosphäre. Ein Problem stellt jedoch die große Höhe dar und darum empfiehlt es sich, zuerst ein paar Tage in und um Cusco (3360 m) zu verbringen, etwa die Märkte der Stadt, die Museen und nahe gelegene Ruinen zu besuchen.

Wer den ersten Tag der Tour einfacher gestalten möchte, beginnt in Chilca bei Kilometer 77 oder am Anfang der Straße bei Kilometer 82. Von hier geht man durch das Urubamba-Flusstal und verbringt die erste Nacht bei Llaqtapata. Man kann aber auch den Regionalzug bis Kilometer 88 nehmen (Züge für Touristen halten hier nicht) und die Gebühren für den Nationalpark bezahlen. Nach Überqueren der Brücke biegt man entweder nach rechts ab (für einen kurzen Besuch in Tarapata) oder hält sich links und folgt einem Pfad durch Eukalyptuswälder am Fluss entlang bis nach Llaqtapata.

Viele halten Llaqtapata zuerst für ein paar unbedeutende Terrassen, doch schaut man von der Felswand hinab, die den weiteren Weg versperrt, zeigt sich das erstaunliche Ausmaß der Ruinen. Der Pfad steigt steil zum Grat an, wo der Río Kusichaca eine kleine Schlucht in den Fels geschliffen hat. Man folgt dem Flusstal, das bis Wayllabamba (2750 m) sanft an Höhe gewinnt. Wer zurückblickt, sieht den schneebedeckten Nevado Verónica über dem Tal thronen.

Bei Wayllabamba gibt es einen offiziellen Zeltplatz, doch weiter oben im Tal des Río Llullucha sind die Lagerplätze sicherer (Diebstahl ist leider ein Problem) – etwa Tres Piedras an der Mündung des Chaupiwayoq in den Llullucha oder einer der anderen von Bäumen geschützten kleinen Plätze. Bei Llullu-

LINKS OBEN *Die Lamas haben sich in Machu Picchu mittlerweile derart gut an die Touristen gewöhnt, dass sie gelassen für die Kameras posieren.*

LINKS *Die Ruine von Runkurakay, dem so genannten Ei-Fort, bietet einen beeindruckenden Blick auf den Pass der Toten Frau und das Tal von Paqamayo.*

GANZ OBEN *Machu Picchu: die Inka-Ruinen sind die Überreste einer Anden-Hochkultur, die von 1100 bis zur spanischen Eroberung Anfang 1530 existierte.*

OBEN *Die Quechua-Indianer der Region pflegen eine eigene lebendige Kultur; bekannt wurden vor allem ihre farbenprächtigen Textilien und die Musik.*

LAGE Archäologischer Nationalpark Machu Picchu, Peru, Südamerika.

BESTE ZEIT Von Mai bis September regnet es am wenigsten.

STARTPUNKT Klassische Route ab Kilometer 88 (an der Bahnstrecke von Cusco). Variante von Chilca: ab Kilometer 77 oder vom Anfang der Straße ab Kilometer 82 (einen Tag länger).

ENDPUNKT Machu Picchu (Busverbindung nach Agua Calientes, von dort mit dem Zug nach Cusco).

DAUER 3–5 Tage (43 km).

HÖCHSTER PUNKt Abra Warmiwañusca (4200 m), aber ein Großteil der Route verläuft in einer Höhe von über 3000 m mit zwei weiteren hohen Pässen.

TECHNISCHE ANFORDERUNGEN Langsame Gewöhnung an die Höhe ist unerlässlich. Keine Klettertour. Zum Schutz der Region sollte man sämtlichen Abfall wieder mitnehmen. Bei der persönlichen Hygiene Gewässer und Pfad sauber halten.

AUSRÜSTUNG

Trekking-Stiefel, Rucksack, leichtes Zelt, Schlafsack, Isomatte, Kochutensilien und Verpflegung, warme Kleidung: Thermoweste und -hose, Fleecejacke und -hose, warme Mütze und Handschuhe, Regenschutz, Sonnenhut und -creme, Erste-Hilfe-Ausrüstung, Jodtabletten zur Aufbereitung des Wassers. Wanderstöcke für die Abstiege. Am besten Petroleum- und Propangaskocher mitnehmen. Die kleinen blauen Patronen sind nicht immer vor Ort erhältlich. In Drogerien oder in einer *ferretería* (Eisenwarengeschäft) bekommt man aber immer *benzina blanca* (Gas).

CHARAKTER Rucksacktour auf gut markierter Route mit Lagerplätzen zum Campen. Optimal sind Gruppen mit 2–4 Personen. Trekking-Firmen bieten Touren mit Führer und Trägern an, doch die Verschmutzung des Gebiets durch zusätzliche Personen lässt sich kaum rechtfertigen.

GENEHMIGUNGEN/BESCHRÄNKUNGEN Der Inka-Trail kann nur in einer Richtung begangen werden, nicht von Machu Picchu zurück nach Wayllabamba. Für den Park muss man eine Gebühr bezahlen; Zutritt zurzeit nur für organisierte Touren. Touristen-Information in Cusco oder den South American Explorers Club (siehe unten) kontaktieren.

KARTEN Eine Karte der Route (1:50 000) von Editorial Lima über Internet-Versand erhältlich.

INFORMATIONEN South American Explorers Club, Clubhouse, Calle Piura 135, Miraflores, Lima (Casilla 3714, Lima 100), Peru, E-Mail: limaclub@saexplorers.org; Website: www.saexplorers.org

chapampa (3600 m) machen die üppigen Queñual-Nebelwälder offener Hügellandschaft Platz – man ist hier nicht sehr viel höher als in Cusco.

Nun folgt der steile Anstieg zum Abra Warmiwañusca, dem »Pass der Toten Frau«, der als härtester Teil der Tour gilt. Auf 4200 m beginnt die Höhe ihren Tribut zu fordern, doch der Blick zurück zum verschneiten Gipfel des Nevado Wayanay ist einfach großartig. Vom Pass führen Stufen zwischen zerklüfteten Kämmen nach Papamayo hinab. Hier gelangt man nach einer Flussdurchquerung zu einem weiteren Lagerplatz, ehe der Pfad nach Runkurakay, dem so genannten »Ei-Fort«, wieder ansteigt. Der spektakuläre Blick, den diese gleichmäßige ovale Ruine in Richtung des Passes und hinab ins Tal von Papamayo bietet, macht sie zweifellos zu einem exzellenten Aussichtspunkt, doch diente sie vermutlich einst als *tambo*, als eine Art Rasthaus.

Weiter geht es auf der Route an Moorseen vorbei und über einen niedrigeren Kamm, ehe man den zweiten Pass, Abra Runkurakay (3924 m) erreicht. Von hier aus sieht man an klaren Tagen die schneebedeckte Cordillera Vilcabamba in der Ferne. Die Steilhänge und das felsige Areal machen vorstellbar, warum im Anden-Imperium der Inka niemals das Rad erfunden wurde.

Noch mehr Stufen und danach ein kurzer Tunnel führen hinter einem größeren Moorsee, der von riesigen Felsblöcken aufgestaut wird, abwärts. Nach einer leichten Passage wird unvermittelt der Blick frei auf Sayaqmarka, die »Befestigte Stadt«, die sich in luftiger Höhe an einen spitzen Felsvorsprung klammert. In einer engen Serpentine geht es zu einem kleinen Lagerplatz an einem Fluss nicht weit vom restaurierten *tambo* von Qochamarka hinab. An

OBEN *Lage und Architektur der Ruinen von Sayaqmarka lassen darauf schließen, dass es sich um eine ehemalige Festung handelt.*
RECHTS *Am Abra Warmiwañusca, dem »Pass der Toten Frau«, gilt es, die Strapazen der extremen Höhe zu meistern. Im Hintergrund: Nevado Wayanay.*
LINKS OBEN *Sonnenaufgang in einem Lager auf dem Kamm oberhalb Phuyupatamarka: Die Trekker beginnen bereits ihre Zelte zusammenzupacken.*

der Biegung gelangt man über hohe Steinstufen zu den Ruinen von Sayaqmarka, dessen Mittelteil ein natürlicher Fels ist. Überwucherte Stufen führen in den Wald und lassen vermuten, dass es sich hier einst um eine bewachte Wegkreuzung handelte.

Nicht weit hinter Qochamarka folgt ein weiterer Lagerplatz und dann verläuft der Pfad über niedrige Hügel und durch ein langes steiles Tal. Nach Durchquerung der Sumpflandschaft eines ausgetrockneten Sees führen Stufen in einen langen Tunnel, der von den Inka in den Fels gehauen wurde. Der Nebelwald wird üppiger. Mit Moos und Flechten bewachsene Bäume bieten Bromelien natürliche Stütze, auf ihnen wachsen Farne und zarte Orchideen, oft von zahllosen Kolibris und Schmetterlingen umschwirrt. Der Pfad verläuft auf schmalen Hangkanten. Daher Vorsicht: Was wie ein Grashügel am Wegrand aussieht, ist oft nur eine Moosschicht über dem steilen Abgrund!

Unmittelbar nach dem letzten Pass, einem Kamm auf 3580 m, befindet sich ein bescheidener Lagerplatz mit Blick auf Phuyupatamarka, die »Stadt in den Wolken«. Zu der terrassenförmig in den Stein gehauenen Anlage gehören auch rituelle Badestätten. In der Ferne sieht man 1000 m unterhalb die im Wald gelegenen Inka-Stätten Intipata und Wiñaywayna.

Von hier verläuft die alte Route über den Berg. Sie wird seit Entdeckung der raffiniert konstruierten Inka-Treppen, die über eine kurze Distanz durch den Wald hinabführen, jedoch nicht mehr genutzt. Nach einem weiteren kurzen Tunnel steigt man auf dem Pfad zum rot gedeckten *Hostal* (Gästehaus) mit Speiseraum, Bar und Duschen hinab – dem letzten Camp vor Machu Picchu.

Nur zehn Minuten entfernt liegen die genial bewässerten Terrassen, die rituellen Badestätten und restaurierten Gebäude von Wiñaywayna. Der Name des friedvollen Orts (»ewig jung«) wurde inspiriert von den wunderschönen Orchideen, die hier wachsen. Weiter westlich liegt Intipata, das aus gewölbten Terrassen und kaum restaurierten Gebäuden besteht. Klettert man die überwucherten Terrassen hinauf, fällt der Blick auf halb zerstörte Ruinen.

Wiñaywayna erreicht man jetzt auch über einen neuen Weg ab Kilometer 102 der Bahnlinie im Urubamba-Tal, doch braucht man dennoch eine Übernachtung, bevor man in Machu Picchu ankommt.

Das Hostal ist etwa zwei Stunden von Intipunku entfernt, dem Eingang nach Machu Picchu. Durch feuchten Nebelwald steigt man bergauf und bergab, bis man über steile Stufen zu einem Inka-Tor gelangt: Intipunku. Das »Tor der Sonne« sollte man zu Sonnenaufgang erreichen, denn bei guter Sicht hat man einen grandiosen Blick auf Machu Picchu. Bereits die Ausmaße der alten Stadt sind beeindruckend. Am unteren Eingang muss man die Rucksäcke abgeben, kann sich dann aber frei bewegen, zum Gipfel von Wayna Picchu hinaufklettern und fern der Massen den »Tempel des Mondes« besuchen.

OBEN *Nach den steilen Treppen zum »Tor der Sonne« (Intipunku) erblicken die Bergwanderer zum ersten Mal die faszinierende Inka-Stadt Machu Picchu.*
RECHTS *Blick auf Machu Picchu; dahinter klammert sich der »Tempel des Mondes« in unglaublicher Höhe an die Hänge des Wayna (auch Huayna) Picchu.*

ASIEN

KAÇKAR IM PONTISCHEN GEBIRGE

Zerklüftete Bergkämme, dunkle Seen

Hoch über dem Schwarzen Meer, Nordosten der Türkei

KATE CLOW

Das Pontische Gebirge, ein schmales Band vergletscherter Granitberge, zieht sich im Norden der Türkei von der georgischen Grenze westwärts am Schwarzen Meer entlang. Über den Zigana- und Kop-Pass verbanden schon alte Handelsstraßen das mittelalterliche Erzurum mit der antiken griechischen Kolonie Trabzon. Die nördlichen Berghänge sind mit Rhododendren und Kiefern bewachsen, in tieferen Lagen gedeihen Kastanien und Buchen, und schließlich reichen Teeplantagen und Haselnusswälder bis zum Meer hinab. Die trockenen Südhänge überziehen Felder mit Steinwällen und Sommerweiden, auf denen schwarze Rinder grasen. Die vielen Seen, Flüsse und Quellen, die unterschiedlichen Waldgebiete (bis auf 2100 m) und das abwechslungsreiche Klima sorgen für eine Fülle an Frühlings- und Sommerblumen. Wildtiere wie Bären, Wölfe und Gämsen sieht man nur selten, dafür jedoch Adler, Geier, Schneehühner, Rebhühner und viele kleinere Vögel.

Nur noch drei Monate im Sommer sind die einst dicht besiedelten Täler mit Leben erfüllt, wenn die ehemaligen Bewohner aus Istanbul oder Deutschland zurückkehren. Einen farbenfrohen Kontrast zu den im *Chador* verhüllten Frauen in Erzurum bildet die Kleidung der Bäuerinnen in diesem Gebiet. Vom Islam abgelöst wurde das einst tief verwurzelte Christentum, doch einige armenische Gemeinden sollen noch der griechisch-orthodoxen Kirche angehören. Verstreute leere bzw. umgewidmete Kirchen aus der Blütezeit des georgischen Königreichs im 10./11. Jahrhundert erinnern an vergangenen Ruhm. Und beim Kafkasör-Fest in Artvin – mit Stierkämpfen und Volkstänzen – werden die nicht-türkischen ethnischen Ursprünge der Bevölkerung deutlich.

Das Kaçkar-Massiv im Nordosten des Pontischen Gebirges ist seit vorgeschichtlicher Zeit besiedelt. Im 4. Jahrhundert v. Chr. führte Xenophon seine Armee mit 10 000 griechischen Söldnern aus Persien zurück in die Heimat. Nachdem er sich in einem bitteren Winter durch kurdisches Territorium gekämpft hatte, überquerte er das Pontische Gebirge über den Zigana-Pass:

»Als die ersten Männer den Gipfel erreichten und das Meer erblickten, gab es ein großes Geschrei. Xenophon und die Nachhut hörten es und dachten, dass die Spitze von weiteren Feinden angegriffen wurde (…) Also preschten sie zur Unterstützung nach vorne und hörten die Soldaten schreien: »Das Meer! Das Meer!« Als alle am Gipfel angekommen waren, umarmten sich die Soldaten mit Tränen in den Augen, auch ihre Generäle und Hauptleute.«

Xenophon, Die persische Expedition

1890 war die britische Forscherin Isabella Bird fasziniert vom Schnee: *»Dörfer voller Holzhäuser mit schrägen Dächern liegen in felsiger Höhe oder zwischen Walnussbäumen vor blauen Kiefernwäldern, über denen Gipfel in unberührtem Schnee thronen; Bergkämme erheben sich in fantastischen Formen, wie Minarette und Burgen; Kiefern erfüllen gigantische Schluchten mit ihrem blauen Schein, halten Wache über Sturzbäche, die für die Winterzeit verstummt sind (…) eine erhabene Welt aus Schnee mit endlos vielen Überraschungen unter einem blauen Himmel voller Licht täuscht vor, man sei in der Schweiz, bis ein langer Zug aus geschmückten Kamelen oder eine Gruppe bewaffneter Reisender mit Turbanen diesen Traum zerstört.«* Reisen in Persien und Kurdistan

In den 1980er-Jahren wurde das Kaçkar-Massiv als Kletterparadies entdeckt, 1988 entstand die erste offizielle Landkarte. Durchwandern kann man diese türkischen Alpen zu zwei Jahreszeiten: im Hochsommer, wenn der Schnee fast überall geschmolzen ist, oder im späten Winter, sobald die Lawinengefahr gebannt ist und die Tage länger werden. Unter einer mächtigen Schneedecke

LINKS OBEN *Diese Kinder gehen in die einzige noch bestehende Schule in Yaylalar. Der Lehrer Metin arbeitet im Sommer außerdem als Tourenführer.*
LINKS *Die Wiesen um den See Büyük Deniz und die Ufer eines benachbarten kleineren Sees sind perfekte Lagerplätze in bequemer Nähe zum Naletleme-Pass.*
OBEN *Kaçkar-Dörfer werden von alten Steinwällen umgeben, die heute niemand mehr ausbessert. Wellblech bedeckt die wenigen bewohnten Häuser.*
OBEN RECHTS *Beim Kafkasör-Fest messen Ringer ihre Kräfte; selbst zehnjährige Kinder nehmen in ihrer Gewichtsklasse daran teil.*
VORHERGEHENDE SEITEN *Ein gedankenversunkener Bhutanese vor den Ruinen des Drukgyel Dzong, eines 1650 erbauten Klosters im Paro-Chhu-Tal.*

LAGE Kaçkar-Massiv, Pontisches Gebirge, Nord-Türkei.
ANREISE Flüge mit Turkish Airlines oder Fernbusse von Istanbul nach Erzurum oder Trabzon. Regionalbusse: Trabzon–Artvin–Yusufeli; Erzurum–Tortum–Yusufeli. Auf der 52 km langen unbefestigten Straße von Yusufeli nach Yaylalar verkehren Taxis oder Kleinbusse. Läden in Yaylalar, Yukarı Kavron oder Barhal.
STARTPUNKT *Pension* am Eingang von Yaylalar.
ENDPUNKT Dorf Barhal.
BESTE ZEIT Klare Sicht und fester Schnee zwischen 15. Februar und 15. März (Winter); von Juli bis September (Sommer) ist die Route leicht zu finden.
CHARAKTER Zerklüftetes Granitgebirge, teils vergletschert, mit Gletscher- und Flusstälern. Die Route verläuft meist oberhalb der Baumgrenze (2100 m) durch felsige Täler und über steile Pässe, einige Geröllhänge, besonders in größerer Höhe. Im Winter benötigt man Führer, da man die Pfade nicht sieht und die Karten nicht detailliert genug sind; bei privaten oder organisierten Touren im Sommer können Führer für Lastentiere sorgen (1 Muli für 3–4 Pers.).
DAUER 10–14 Tage, je nach Wetter und zusätzlichen Klettertouren auf den Kaçkar und den Altıparmak-Kamm; etwa 130 km ohne zusätzliche Bergbesteigungen.

HÖCHSTER PUNKT Höchster Pass, namenlos (3305 m); Kaçkar (3932 m).
AUSRÜSTUNG Winter: komplette Winterausrüstung mit Stiefeln, Thermojacke, Weste und Gamaschen, Schneebrille, Eispickel und Steigeisen; leichtes Zelt, guter Schlafsack; Kochutensilien, Verpflegung. Sommer: Trekking-Stiefel, guter Regenschutz, Vier-Jahreszeiten-Schlafsack, Sonnencreme, Sonnenhut, Trinkflasche. Eventuell kleiner Rucksack für Tagestouren.
KARTEN Aus dem Internet herunterladen: www.kackarmountains.com.
GEFAHREN
Vorsicht bei aggressiven Schäferhunden und schwarzen Stieren.
GENEHMIGUNGEN/ BESCHRÄNKUNGEN Keine Genehmigungen erforderlich.

INFORMATIONEN
Websites: www.kackarmountains.com (Anreise, Führer, Karten)
www.tempotour.com/kackar.htm
www.gorp.com/gorp/location/asia/turkey

sind die Berge natürlich am beeindruckendsten, doch alle organisierten Gruppentouren finden im Sommer statt.

Die hier beschriebene zweiteilige Tour führt an den Bergkämmen des Altıparmak- und des Kaçkar-Massivs entlang und umrundet den Kaçkar – mit 3932 m der fünfthöchste Berg der Türkei. Der Aufstieg zum Gipfel über die einfache Südroute bildet den frühen Höhepunkt der Tour. Sie beginnt an einer *pension* an der unbefestigten Straße am Dorfeingang von Yaylalar (von den Einheimischen immer noch Hevek genannt), einer Siedlung aus Stein- und Holzhäusern am Fluss Hevek. Vom gleichnamigen Pass sieht man das anatolische Plateau, das sich wie eine staubige Decke mit einem feinen grünen Linienmuster aus Kiefern bis nach Erzurum ausbreitet. Die erste Tagestour klingt aus an einem kleinen felsgesäumten See, dem Damla Gölü, wo Hartgesottene im Schmelzwasser baden können. Am nächsten Morgen führt ein leichter Abstieg durch taunasses tiefes Gras in das breite Tal von Davalı und endet an einem Lagerplatz auf einer Wiese, oberhalb einer einfachen *yayla*, einer Sommerweide, auf der kräftige schwarze Rinder grasen.

Weiter geht es am dritten Tag zum Kavron-Pass (an der Weggabelung rechts) in Richtung des Kaçkar-Gipfelmassivs. Man gelangt zu einem schmalen namenlosen Pass, der sich zur Nordseite der Bergkette öffnet. Der Blick auf die zerklüfteten Spitzen des Gipfels ist überwältigend. Weiter unten verdecken Felsspitzen das nördliche Routenende beim Dorf Yukarı Kavron. Als Erstes müht man sich über einen abschüssigen Weg zum Derebaşı (See), dann

OBEN *Wie auf den meisten höheren Bergen gibt es auch am Kaçkar einen Steinhaufen mit Gipfelbuch – und jedes Frühjahr eine neue türkische Flagge.*
LINKS *Die schwarzen Stiere laufen nicht mehr frei durchs Gelände, aber auch andere Rinderarten können bei der Suche nach Essbarem Zelte beschädigen.*

geht es auf einem leichten Pfad weiter zum See Okuz Çayırı, dem Basislager für anspruchvolle Klettertouren über den Nordgletscher des Kaçkar.

Ein steiler Weg führt zu den niedrigen Steinhäusern von Yukarı Kavron am Schnittpunkt zweier Täler. Es ist ein gemütliches Dorf, wo man sich zur Saison in belebten Cafés, einer *pension* und einem Geschäft um die Bergsteiger kümmert. Reichhaltige Mahlzeiten mit regionalen Spezialitäten wie Kebabs, Pfannkuchen, frischem Joghurt und Halva stärken die erschöpften Wanderer. Wenn der Abendnebel das Tal verdunkelt, entfachen die Bewohner große Feuer, um von der Dunkelheit überraschten Trekkern den Weg zu weisen.

Nach nur drei Stunden Aufstieg durch das Çaymakur-Tal erreicht man den Lagerplatz des vierten Tages am Büyük Deniz (*deniz* bedeutet wörtlich übersetzt »Meer«). Dieser tiefste Hochgebirgssee der Türkei schmiegt sich in eine Felsmulde, die die Gletscher speisen. Zwei weitere kleine Seen, Metenek und Kara Deniz, bieten am Ufer Platz für die Zelte und sind sogar zum Schwimmen geeignet. Von hier aus windet sich ein guter Pfad hinauf zum ganzjährig schneebedeckten Naletleme-Pass und weiter zu einem großen Lagerplatz bei Düpedüzü in dem wunderschönen Tal gleichen Namens.

Auf einer Abkürzung (ohne wirkliche Markierung) gelangt man über einen Kamm nach Dilberdüzü. Dieses Camp im Süden nutzen Gruppen, die einfache Klettertouren am Kaçkar (3932 m) unternehmen. Am Deniz-See, zwei Aufstiegstunden entfernt, finden einzelne Trekker am fünften Tag genug Raum für ein Lager mit einem oder zwei Zelten. Den Gipfel kann man in vier Stunden erreichen. Bergsteiger umrunden den See und steigen dann durch ein verschneites Tal unterhalb des Gletschers. Es geht über Felsplatten, dann über Geröll und schließlich eine weitere anstrengende Stunde über zersplitterte Felsspitzen zum Gipfel, wo ein Steinhaufen das in einer Kiste befindliche Gipfelbuch schützt. Bei guter Sicht bietet sich ein großartiges Panorama, das (gegen den Uhrzeigersinn) vom nördlichen Gletscher über den See Okuz Çayırı, den Kamm und Gipfel des Verçenik im Westen bis zum Startpunkt der Tagesetappe am Deniz-See reicht. Unterhalb des Gipfels, auf den Teufelsfelsen, blitzen zwei kleine Seen, dahinter erstreckt sich das Hevek-Tal. Für den Abstieg wählt man die bekannte Route. Nach einer weiteren Übernachtung dauert der Rückweg nach Yaylalar am sechsten Tag nur drei bis vier Stunden.

Der zweite Teil der Tour beginnt am siebten Tag und führt nördlich von Yaylalar ins Altıparmak-Gebirge, das noch zum Kaçkar-Massiv gehört. Über einen Saumpfad gelangt man von einer Steinbrücke durch ein Seitental nach Karamolla hinauf: ein Dorf mit stabilen Steinhäusern, im Winter jedoch nur vier Bewohnern. Es folgt die *yayla* von Körahmet (dem »blinden Achmet«),

benannt nach einem Gesetzesbrecher, der hier einst Zuflucht fand. Zwischen Dornenbüschen und Birken steigt der Pfad am rechten Ufer zu einem Pass an, über den man den Okuz-See erreicht. Hier beginnt das Altıparmak-Gebirge. Jenseits der »Wolkenweiden« (Bulut yayla) öffnet sich das Tal von Bülbül (»Nachtigall«). Ziel des Weges ist ein markanter Felsen und hervorragender Aussichtspunkt, der Nebisgatur-Hügel. Das Ufer des Kara-Sees, des »Schwarzen Sees«, in einem felsigen Tal oberhalb rauschender Wasserfälle, dient den Bergsteigern, die zum Altıparmak-Kamm wollen, als Basislager. Hier gibt es mehrere Routen für meist eintägige Klettertouren, die mit einem herrlichen Blick auf die Nordseite des Gebirges belohnt werden.

Nach den Kletterausflügen geht es vom Kara-See hinunter zum Dorf Barhal, über idyllische *yaylas* mit Wassermühlen und Bienenkörben, blühenden Wiesen und Apfelgärten, und am linken Ufer des Barhal hinein in den Wald. Oberhalb des Dorfes steht zwischen Bäumen eine außergewöhnliche Basilika aus dem 10. Jahrhundert – die Kirche der vier Apostel. Vor 40 Jahren wurde sie in eine Moschee umgewandelt, doch die Außenwände aus Naturstein sind mit Kreuzen verziert und erinnern an alte Grabsteine, die ebenso wie die Berge *kaçkar* heißen. Ein Blick auf die Hauptpfeiler im Innern lohnt sich. Sie stützen das Steindach und sind durch Reliefs mit winzigen Engeln verziert. Die 1000 Jahre alten Fresken werden heute leider von einer Schicht Kalktünche verdeckt. Von den seldschukischen Eroberern hatte man die Bogenformen übernommen.

Das raue Pontische Gebirge, das man auf dem Weg ins Tal noch einmal in seiner ganzen Schönheit erlebt, war in seiner Wildheit seit Jahrtausenden Rückzugsgebiet rebellierender Minderheiten, Sinnbild des Individualismus gegen die Konformität – und wird seinen einzigartigen Charakter nie verlieren.

OBEN *Das Dach der Basilika von Barhal (10. Jahrhundert) wirkt wie ein Echo der Bergkämme. Die örtlichen Steinmetze waren in Istanbul einst sehr geschätzt.*
RECHTS *Im Altıparmak-Gebirge gibt es weniger Weidewirtschaft als auf der Nordseite des Pontischen Gebirges und darum eine Fülle an Wildblumen.*
LINKS *Der Gletscher hinterlässt markante Spuren an der Nordseite des Kaçkar.*

LUKPE LA

Die Überquerung der Gletscherpforte

Karakorum-Gebirge, Pakistan

STEVE RAZZETTI

Mit seinen 5700 m ist der Lukpe La (*la* bedeutet »Pass«) der höchste Punkt dieser selten unternommenen, aber wirklich faszinierenden Überquerung des nördlichen Karakorum-Gebirges. Die Route beginnt in Passu, einem Dorf in Hunza an der Straße nach Askole in Baltistan. Sie gehört zu den anstrengendsten Touren in ganz Pakistan.

Eine gut trainierte Gruppe benötigt drei Wochen für die Strecke von 260 km durch ebenso spektakuläres wie schwieriges Gelände. Nur wenige Orte sind heute noch so schwer zu erreichen wie diese Gipfel und Täler, und wer hierher aufbricht, muss sich darüber im Klaren sein, dass man in einem Notfall lange auf Hilfe warten muss. Alle Teilnehmer sollten reichlich Erfahrung mit gesicherten Gletschertouren, der Rettung aus Gletscherspalten und der selbstständigen Routenbestimmung im Gebirge haben.

In geographischer Hinsicht ist der Trek einmalig, denn er stellt die einzige legale Überquerung der Karakorum-Wasserscheide dar, die zur großen zentralasiatischen Wasserscheide gehört. Auf den riesigen, vom Wind gepeitschten *pamir* (Weideflächen) am Shimshal Pass (4460 m) fällt der Blick voraus in Täler, deren Wasser den endlosen, glitzernden Salzflächen der Wüste Takla Makan zuströmt. Hinter den Bergwanderern aber liegen die Schrecken erregenden Schluchten der Shimshal-Quellflüsse, die ihre schwebstoffreichen Massen tosend in den Indus entladen. Liegen die Quellen auch nur wenige Kilometer auseinander, das Schicksal der einzelnen Wasserläufe könnte unterschiedlicher nicht sein: Entweder verdunsten sie in der sengenden Wüstensonne oder fließen über Tausende von Kilometern bis ins Arabische Meer.

Ein Großteil des durchquerten Gebiets liegt in den Nationalparks von Khunjerab und Zentral-Karakorum in Pakistan. Die Gründung der Parks 1975 und 1994 erfolgte hauptsächlich zum Schutz der bedrohten Populationen von Marco-Polo-Schafen, Schneeleoparden und Braunbären, doch die Verwaltung dieser wichtigen Reservate war stets umstritten.

Ohne Zweifel aber liegt in diesen Reservaten eine der schönsten und wildesten Bergregionen der Erde. Von idyllischen Obstgärten, karobunten Feldern und friedvollen Ismaili-Dörfern in Hunza führt die Route am Fluss Shimshal entlang ostwärts zu dessen Quellen unterhalb des Shimshal-Passes, nur wenige Kilometer von der chinesischen Provinz Xinjang entfernt. Danach geht es in Richtung Süden das Braldu-Tal hinauf zum Lukpe La, dem »Schneesee« (Lukpe Lawo) und den legendären Bergen entgegen.

Außer dubiosen Geschichten über Streitereien zwischen den Stämmen Hunzakut und Balti weiß man wenig über die Menschen, die einst in dieses Gebiet vordrangen. Die Stämme von Hunza und Baltistan besitzen keinerlei schriftliche Zeugnisse ihrer Geschichte; lange Zeit bewahrte einzig die Tradition der mündlichen Überlieferung das Wissen der Vorfahren. Auch ein Quäntchen Aberglaube sowie der Hang zur Übertreibung lassen die Grenzen der historischen Wahrheit sanft verschwimmen.

Der erste Europäer, der den Shimshal Pass von Norden her überquerte, war Francis Younghusband, einer der großen Abenteurer des britischen Empire. Sein Interesse galt jedoch den Pamir-Bergen im Nordwesten, und nach einem kurzen Blick auf die Quellschluchten des Shimshal kehrte er zurück und setzte seine Forschungsreise im heute chinesischen Turkistan fort. Drei Jahre später sollte ein anderer britischer Offizier, Colonel Cockerill, schließlich diese erhabene Region betreten. Anfang des 20. Jahrhunderts gab es weitere Expeditionen, etwa von Kenneth Mason oder RCF Schomberg. Doch erst Eric Shiptons zukunftsweisende Expedition von 1937 lüftete die geographischen Geheimnisse des Karakorum. Der weiße Fleck auf der Landkarte verschwand.

Da man später für die Durchquerung des Braldu Jaks der Shimshali benötigt, sind Wanderer gezwungen, ihre Tour in Passu zu starten. Das Shimshali-Gebiet beginnt unmittelbar am Fluss Hunza, wo die einheimischen Männer darauf bestehen, in ihrem Territorium als Träger zu fungieren. Mögen sie auch allzu hartnäckig wirken, so sollte man nicht vergessen, dass viele von ihnen

LINKS OBEN *Nichts für schwache Nerven! Die zweite »Jhola«-Überquerung bei Ziarat auf dem Weg nach Shimshal. Bei Hochwasser muss man darauf verzichten.*
LINKS *Verdiente Erholungspause während des Abstiegs vom Lukpe La ins Sim-Gang-Becken. Der fantastische, wolkenverhangene Berg ist der Braldu Brakk (6200 m), 1956 erstmals von Durbin und Williams bestiegen.*
GANZ OBEN *Das gesamte Sim-Gang-Becken, vom Hispar La aus gesehen.*
OBEN *Das Dorf Shimshal ist eine Oase inmitten rauer Landschaft und kannte keine Motorengeräusche, bis hier vor kurzem eine Straße gebaut wurde.*

exzellente Bergsteiger und Träger sind. Das Dorf Shimshal ist eine gepflegte grüne Oase aus gekalkten Häusern, Pappeln und Aprikosengärten. Die in der näheren Umgebung liegenden Felder und das Vieh auf den Weiden ernähren über 1000 Menschen. Gemeinden, die sich heute noch in solchem Maße selbst versorgen, sind selten geworden. Der Bau einer Straße in das Shimshal-Tal hat bereits begonnen und damit umgeht man die meisten Hindernisse der alten Route: Früher dauerte es zwei lange Tage, ehe man das Dorf erreichte, und dafür musste man Geröllfelder durchqueren, mittels Schwindel erregender *jholas* (Drahtseil-Brücken) Flüsse überwinden und den Malangutti-Gletscher meistern (von der Mitte des Eisfeldes bietet sich allerdings ein spektakulärer Blick auf die Nordflanke des Disteghil Sar mit 7885 m).

Shuwert, die Siedlung bei den Sommerweiden am Shimshal Pass, ist drei anstrengende Tagesmärsche vom Dorf entfernt. Zu Anfang führt die Route nach Norden in das düstere Tal Zardgar Bin, doch bald geht es in östlicher Richtung über steile Geröllhänge zum Shashmirk La (4160 m) hinauf, wo sich die majestätische Schönheit der Landschaft offenbart. Im Süden, jenseits des Shimshal-Tals, zwängt sich die gleißende Eiszunge des Yazghil-Gletschers zwischen kargen Bergkämmen hindurch bis zur riesigen Felswand der Hispar-Shimshal-Wasserscheide. Hinter den niedrigeren verschneiten Gipfeln sieht man außerdem Disteghil Sar (7885 m), Kunyang Chhish (7852 m) und Kanjut Sar (7760 m). Und im Nordosten erstrecken sich die grandios erodierten Flanken sowie die alten Flussterrassen der Schlucht Pamir-i-Tang.

Zwei bittere Tage lang geht es auf extrem steilen, rutschigen Pfaden pausenlos bergauf und bergab zu den Almen von Shujerab, wo die Schluchten schließlich von offenem Terrain und dem Shimshal Pass abgelöst werden.

Einige erholsame Tage bei den Frauen und Kindern, die sich hier im Sommer um die großen Herden der Schafe, Ziegen und Jaks kümmern, sind angenehme Abwechslung und dienen der Akklimatisierung. Zugvogelarten wie Enten und Watvögel machen an den Seen am Pass Zwischenstation, wir aber genießen das Bild der Ebenen von Zhit Bhadav: eine Landschaftskulisse beeindruckend epischer Dimensionen. Von den Shimshali erhält man Jaks, auf denen man mitsamt dem Gepäck den Fluss im Braldu-Tal durchqueren kann. Das Areal bietet endlos viele Möglichkeiten für Wanderungen und Klettertouren, doch die meisten Trekker zieht es zum schwierigsten Teil der Route. Hat man erst einmal den Braldu hinter sich und die Jaks zurückgegeben, steht unausweichlich der Lukpe La bevor – das härteste Stück Arbeit.

Der Abstieg vom Shimshal-Pass in östlicher Richtung führt in ein Tal, das im letzten Jahrhundert kaum eine Hand voll Fremde betreten hat. Folgt man dem Braldu zwei Tage lang nordwärts, gelangt man (allerdings bereits auf chi-

OBEN *Alljährlich treiben die Shimshali ihre Herden durch die Felsenschlucht des Pamir-i-Tang zur abgelegenen Siedlung von Shuwert.*

RECHTS *Rast in der Sonne in Shuwert. Mehrere hundert Shimshali kümmern sich hier um ihre Herden und schicken Butter, Käse und Quark nach Shimshal.*

OBEN *Die Felsentürme der West Biafo Wall, die Fanny Bullock Workman einmal die Walhalla des Biafo nannte.*

LAGE Nördliches und zentrales Karakorum-Gebirge, Pakistan.
BESTE ZEIT Von Juli bis August kann man mit stabilen Wetterverhältnissen rechnen. Gletscherspalten werden im Sommer immer größer.
STARTPUNKt Dorf Passu an der Straße nach Askole in Hunza.
ENDPUNKT Dorf Askole in Baltistan.
DAUER Etwa 21 Tage (200 km).
HÖCHSTER PUNKT Lukpe La (5700 m).
TECHNISCHE ANFORDERUNGEN Erfahrung mit langen Gletschertouren ist unerlässlich.
AUSRÜSTUNG Vier-Jahreszeiten-Schlafsäcke, Zelte, Verpflegung, Kochutensilien und komplette Winterausrüstung (einschließlich Steigeisen und Eispickel) für alle Teilnehmer und Träger unerlässlich.
CHARAKTER Rucksacktour mit Trägern.
GENEHMIGUNGEN/BESCHRÄNKUNGEN Genehmigung erforderlich; Gebühr pro Person für einen Monat: 50 US-Dollar.
KARTEN Vom US Army Map Service, 1:250 000, Serie U-502, Blatt Nj 43-15.

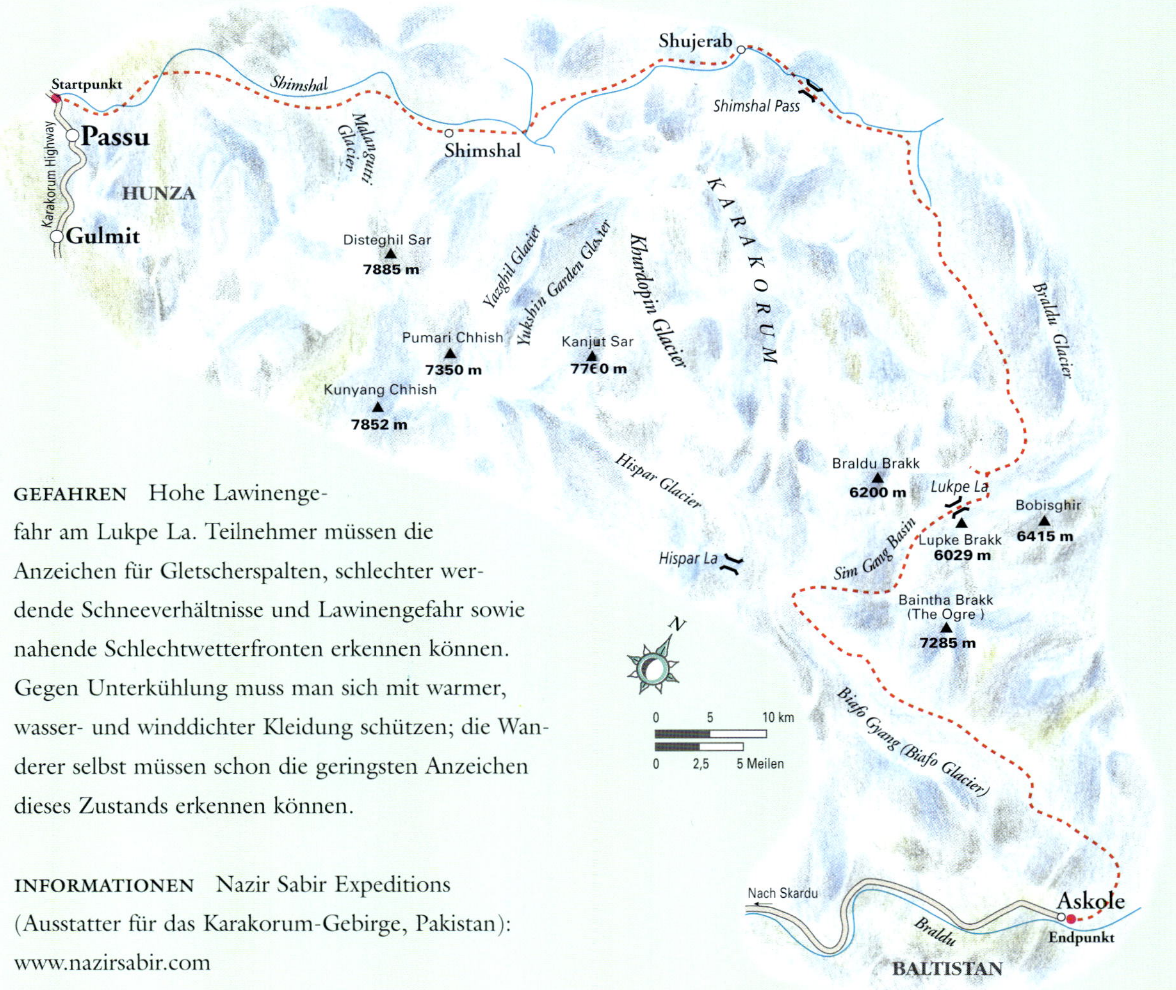

GEFAHREN Hohe Lawinengefahr am Lukpe La. Teilnehmer müssen die Anzeichen für Gletscherspalten, schlechter werdende Schneeverhältnisse und Lawinengefahr sowie nahende Schlechtwetterfronten erkennen können. Gegen Unterkühlung muss man sich mit warmer, wasser- und winddichter Kleidung schützen; die Wanderer selbst müssen schon die geringsten Anzeichen dieses Zustands erkennen können.

INFORMATIONEN Nazir Sabir Expeditions (Ausstatter für das Karakorum-Gebirge, Pakistan): www.nazirsabir.com

nesischem Territorium) zum Zusammenfluss mit dem mythischen Shaksgam, der nördlich von Ladakh entspringt und die Nordhänge der höchsten Berge im Karakorum entwässert: K2, Broad Peak und die Gasherbrum-Gruppe. Nach Süden wird das Tal unvermittelt von der durch Steinschutt geschwärzten, gewundenen Gletscherzunge des Braldu-Gletschers blockiert.

Im weiteren Verlauf der Route gibt es weder Pfade noch Markierungen und erst wenige Stunden vor Askole, am Ende der Tour, verlässt man die Gletscherzunge des Biafo. Die genaue Bestimmung der Route ist auf dieser letzten Etappe unerlässlich. Der untere Abschnitt des 40 km langen Braldu-Gletschers besteht aus einem Labyrinth von Eistürmen und Spalten. Die Eislandschaft, in der man sich seinen Weg bahnen muss, ist trügerisch und mitunter jäh abfallend, ehe man schließlich wieder sicheres Terrain auf der glatten Eiszunge erreicht – was in der Mitte des Gletschers der Fall ist.

Die Schneehöhe sowie die Anzahl und Größe der Spalten können von Saison zu Saison dramatisch wechseln. Da an einem derart abgeschiedenen Ort die Folgen eines Unfalls fatal sind, muss man sich unbedingt anseilen und vorsichtig gehen! Das Kartenmaterial für den oberen Braldu ist nicht verlässlich, allerdings führt eine recht sichere Route am östlichen Rand der Mittelmoräne entlang, bis man den Pass vor sich sehen kann. Keinesfalls darf man einer der gewaltigen Seitenmoränen folgen, die von Westen her einmünden. Der Hauptgletscher schwenkt letztlich in einem langen, aber kontinuierlichen Anstieg nach Westen zum Pass hinauf.

Vom Kamm bietet sich ein atemberaubendes Panorama: Im hinter uns liegenden Norden zerfließt das eisbedeckte Karakorum-Gebirge in den leblosen braunen Schluchten und Wüsten Turkistans. Im Süden türmt sich die Nordflanke des Baintha Brakk, auch als The Ogre (7285 m) bekannt, über dem blendenden Weiß des Sim-Gang-Beckens und des Snow Lake – gewaltigen Schneefeldern, die man lange für echte Eisdecken hielt. Doch die scheinbar glatte Oberfläche des Sim Gang täuscht. Darunter verbirgt sich ein unergründliches System gewaltiger Eisspalten. Nach neun Uhr morgens sind die Schneeverhältnisse meist sehr schlecht, darum muss man früh starten und bis zu den Moränen am Ende des Biafo-Gletschers angeseilt bleiben.

Entfernungen sind hier schwer einzuschätzen. Der 35 km lange Abstieg vom Lukpe La zum Moränen-Camp, meist als Sim-Gang-Basislager bezeichnet, scheint nach dem Braldu eine leichte Sache, dauert aber 12 bis 14 Stunden. Man benötigt nun mindestens noch drei Tage bis Askole und zur Straße nach Skardu. Nach Karakorum-Maßstäben ist der Biafo trotzdem ein angenehmer Gletscher. Also kann man sich endlich entspannen und die fantastische Landschaft genießen. Hier lohnen sich zusätzliche Tage, um Routen an der Westwand des Biafo zu erkunden oder die unvermittelt auftauchenden grünen Bergwiesen am Baintha zu genießen. Auf dem Baintha Peak (5300 m) schwelgt man ein letztes Mal in dem herrlichem Bergpanorama, blickt über den Ogre und die Latok-Kette, ehe man sich ins Dorf Askole aufmacht.

LINKS *Unterwegs auf dem breiten Biafo-Gletscher in Richtung Askole, dem Endpunkt dieser anspruchsvollen Tour. In seinem oberen Abschnitt ist der mehr als 1000 m mächtige Eisstrom knapp 5 km breit. Jährlich bewegt er sich etwa 100 m talwärts.*

ZANSKAR RIVER

Alte Handelswege über zugefrorene Flüsse

Ladakh, Nordindien

SEB MANKELOW

Zwischen dem Karakorum-Gebirge im Norden, Tibet im Osten und dem Himalaja im Süden liegt die indische Wüstenregion Ladakh mit ihren extrem kalten Wintern. Anfang Januar lassen die durchweg weit unter Null sinkenden Temperaturen den Zanskar River im Winterschlaf erstarren. Die Wasserwirbel und brodelnden Stromschnellen werden ruhiger und verfestigen sich allmählich zu einer soliden Hauptverkehrsstraße. Die kurze Zeit des Zanskar River Trek hat begonnen. Auf ihrer winterlichen Reise durch ein Gebiet, das zehn Monate im Jahr nur für Steinböcke und Wildwasserfahrer erreichbar ist, wandern die Trekker am Tag auf dem zugefrorenen Fluss und schlafen nachts in Höhlen oder Zanskari-Häusern.

Der Zanskar entwässert das gleichnamige Tal, ehe er in den mächtigen Indus mündet. Seinen Weg dorthin bahnt er sich durch eine serpentinenförmige Schlucht, die an manchen Stellen 1000 m tief ist. Im Winter diesem Flusslauf zu folgen ist ein faszinierendes kulturelles und geologisches Erlebnis und gleichzeitig eine schwierige und gewagte Tour durch ein Tal, das als eines der kältesten bewohnten Gebiete der Erde gilt. Der abgelegene Taleinschnitt zwischen den Zanskar-Bergen im Norden und dem Himalaja-Massiv im Süden ist größtenteils nur zu Fuß zu erreichen. Während des kurzen Sommers verbindet eine weitgehend unbefestigte schmale Straße das Tal mit dem restlichen indischen Subkontinent. Davon abgesehen gelangt man ausschließlich über die hohen Bergpässe in die Schlucht.

Im Winter sind diese Routen jedoch unpassierbar. Eingeschlossen von hohem Schnee, führen die isolierten Gemeinschaften der Zanskari ein traditionelles Leben, das sich über Generationen kaum verändert hat. Der Winter hält dieses alte Königreich bis zu sieben Monate gefangen, doch ironischerweise erlauben die bitterkalten Temperaturen den Zanskari ab und zu, ihrem Gefängnis zu entkommen. Die zugefrorenen Flüsse, *chaddar* genannt, dienen als »Winter-Straßen«. Als ehemaliger Winter-Handelsweg ist der Zanskar River die vielleicht bemerkenswerteste unter ihnen. Auf dieser Route, die entlegene Zanskari-Dörfer mit dem Indus-Tal und den Basaren in Leh (Ladakhs Verwaltungshauptstadt) verbindet, wurden einst so wertvolle Waren wie Butter und Käse exportiert. Seit neuerer Zeit dient sie als Transportweg für Kinder, die zum Frühjahrssemester in Internate in Leh gebracht werden. Natürlich ziehen inzwischen auch westliche Trekker am Fluss entlang, doch die extreme Kälte und die harten Bedingungen der Tour sind nur etwas für robusteste Naturen.

Ein beeindruckender einstündiger Flug bringt die Trekker von Delhi über den westlichen Himalaja nach Leh. Während man sich auf 3500 m über einige Tage hin an die Höhe gewöhnt, hat man bisweilen auch Gelegenheit, an einem der vielen buddhistischen Winterfeste teilzunehmen. Fühlt man sich akklimatisiert, wird Verpflegung eingekauft und trifft man sich mit dem Führer und den Trägern. Ohne einen erfahrenen Guide sollte man die Tour über den Eisfluss niemals wagen.

Von Leh aus geht es auf einer kalten, manchmal haarsträubenden Busreise zum Startpunkt des Abenteuers in Chilling, wo die Bergwanderer den Zanskar zum ersten Mal am Zusammenfluss mit dem Indus sehen. Das kleine Dorf ist die Heimat der berühmtesten Schmiede von Ladakh. Die Gold, Silber, Kupfer und Messing verarbeitenden Schmiede sind die Nachfahren geschickter Handwerker aus Nepal, die der König von Ladakh im 16. Jahrhundert ins Land holte, um sie religiöse Bilder und Objekte fertigen zu lassen. Möglicherweise ist der Name »Zanskar« vom tibetischen Wort *zangs-dkar* (Neusilber) abgeleitet.

Nach einer Nacht in Chilling »betreten« die Wanderer erstmals den Fluss. Schnell spürt man, welche Eisflächen Halt bieten. Stürze können beim Gehen durchaus vorkommen, auch bei den Zanskari – und solange sie harmlos sind, wird dabei herzhaft gelacht. Dennoch handelt es sich um eine riskante Unternehmung, weshalb die Gruppe eng zusammenbleiben sollte. Selbst wenn es

LINKS OBEN *Ein Zanskari-Träger zieht einen selbst gebauten Schlitten über das dicke Flusseis, durch das man sogar die Steine am Grund erkennt.*
LINKS *Wie Zwerge wirken die Wanderer auf dem zugefrorenen Fluss zwischen Hanamil und Tserac Do vor den mächtigen senkrechten Steinfalten.*

GANZ OBEN *Vorsichtig balancieren Zanskari-Träger am eisigen Rand eines nicht komplett zugefrorenen Flussabschnitts.*
OBEN *Am Ende des zweiten Tages genießen die Eiswanderer und Träger das warme Feuer in der vom Ruß geschwärzten Höhle Dip Yogma.*

selten vorkommt, kann man doch ins Eis einbrechen. Manche Stellen sind gefährlich dünn, andere frieren gar nicht erst zu. Meist lassen sie sich leicht überwinden, mitunter ist jedoch große Trittsicherheit erforderlich.

Trotz allem ist der Weg über den gefrorenen Fluss eine einzigartige Erfahrung und die beeindruckende Szenerie motiviert, jeder weiteren Biegung zu folgen. Einige Stunden hinter Chilling beherrscht ein rostroter Berg den Weg; ab diesem Punkt wird die Schlucht tiefer, das Landschaftserlebnis packender. So es die Eisverhältnisse zulassen, verbringt man die erste Nacht am Fluss meist am Yogma Shingra, einem kleinen Felsplateau und Strand. Eng gedrängt sitzen die Wanderer um das Feuer und immer wieder wird die Stille jäh vom Krachen der Eisplatten zerrissen, die sich bei der fallenden Temperatur ausdehnen.

Die kommenden drei Tage haben einen festen Rhythmus. Ein früher Aufbruch verkürzt die nächtlichen Stunden der klirrenden Kälte und erhöht die Chance, die angepeilten Höhlen vor Einbruch der Dunkelheit zu erreichen. Während der Weg jede Windung des Flusses nachzeichnet, wird die Schlucht immer gewaltiger. An Stellen, wo das Eis besonders dünn oder gar nicht vorhanden ist, muss man ein Stück den Fels hinaufklettern. Ist dieser zu steil oder zu glatt, das Wasser aber nicht allzu tief, heißt es ein Stück durch den Fluss waten. Ohne diese Alternative bleibt nur der anstrengende Aufstieg in höheres, einfacheres Gelände. Man kann nicht warten, bis der Fluss wieder zufriert!

Temperaturschwankungen sorgen leider für ständig wechselnde Eisverhältnisse. Unregelmäßige Oberflächen sind ein Indiz für zum Stillstand gekommene Strömung, doch ab und zu ist das Eis so klar, dass man die Steine im Flussbett sehen kann. Die Temperatur beeinflusst auch den weiteren Tagesablauf und Pausen treffen oft mit hochwillkommenem Sonnenschein zusammen. Wenn man sich vor dem Wind schützt, ist es oft warm genug, um eine Tasse Tee zu trinken und feuchte Stiefel oder andere Ausrüstung zu lüften. Der Wechsel zwischen Sonne und Schatten geht mit dramatischen Temperaturunterschieden einher. Tief in der Schlucht bewegt man sich ständig zwischen diesen Extremen, was die Wahl der richtigen Kleidung zu einer echten Herausforderung macht. Der zweite Tag endet weit entfernt von der wärmenden Sonne in Dip Yogma, einer großen Höhle relativ hoch über dem Fluss. Die Asche am Boden und die verrußte Decke erzählen von Generationen von Zanskari, die hier Schutz suchten.

Am dritten Tag führt die Route durch mehrere Bereiche, die für schlechte Eisbildung berüchtigt sind. Je nach Eis und Witterung können die Wanderer die Nacht in Nerac oder mehrere Stunden weiter stromaufwärts an der Einmündung eines Nebentales verbringen, das zum Dorf Lingshet führt.

Nerac ist nicht mehr als eine Hand voll Häuser, die sich hoch über dem Fluss an den Berg klammern. Der steile Aufstieg zu den kargen Feldern, die das Dorf umgeben, wird in der Dämmerung mit einem weiten Sternenhimmel belohnt. Ab Nerac erlebt man außerdem den echten Himalaja-Winter – von nun an nimmt die Schneedecke stetig zu. Auch der Charakter der Schlucht verändert sich, gegen Ende des vierten Tages wird sie weiter und offener. Wieder

OBEN *An dem Hanamil gegenüberliegenden Flussufer markiert die vom Wind geformte Eisspitze einen der vielen Pfade, die vom Eisfluss nach Zangla führen.*

RECHTS *Eine Trekkerin und ihr Zanskari-Führer auf einem schmalen Eisrand, nur wenige Zentimeter vom weichen, wasserdurchsetzten Eis entfernt.*

hat man mehrere Möglichkeiten für die Übernachtung. Haben schlechte Bedingungen das Fortkommen erneut erschwert, ist Tserac Do, eine kleine Höhle an einem Felssporn eine bequeme, aber manchmal zugige Wahl. Flussaufwärts gibt es weitere Höhlen und überhängende Felsen. Im Allgemeinen weiß der Guide, ob man diese vor Einbruch der Nacht erreichen kann.

Nach einigen Stunden Wanderung gelangt man am fünften Tag nach Sham (Lower Zanskar). Auf dem Weg zum Dorf Hanamil kann man den Fluss an mehreren Stellen verlassen und den schneebedeckten Pfaden folgen, die die Zanskari-Dörfer im Winter verbinden. Die Schlucht hat sich längst zu einem u-förmigen Flusstal geweitet, das riesige Gletscher aus dem Himalaja-Massiv ausgeschürft haben. Über Pfade an beiden Ufern des Zanskar kommt man nach Padum und kann in verschiedenen Dörfern übernachten – am Ostufer etwa in Zangla. Auf dem Weg nach Stongde erblickt man am nächsten Tag erstmals die 6500 m hohen Gipfel des Himalaja. Nach einem weiteren halben Tag ist man am Fuß dieser Berge und im Dorf Padum auf 3600 m angelangt.

Wer diese Tour vollendet, hat ein großes Privileg genossen, nämlich an einer traditionellen Winterreise durch diese abgeschiedene Region teilzunehmen. In Zanskar kann man auch in Privathäusern übernachten und den Alltag der Menschen erleben, unter Umständen wird man sogar in die Familien der Guides und Träger eingeladen. Nach diesen reichen Erfahrungen fällt der Abschied schwer: Auf der Straße oder mit dem Helikopter geht es zurück nach Leh. Wanderer nehmen heute kaum mehr die eisige *Chaddar*-Route zurück.

OBEN *Diese Träger verlassen den steileren Bereich der Schlucht in Richtung Hanamil, der ersten Siedlung in Sham, auch Lower Zanskar genannt.*

RECHTS OBEN *Die Temperatur am Fluss schwankt ständig und die Kräfte des sich ausdehnenden oder zusammenziehenden Eises schaffen fantastische Skulpturen.*

LAGE Zanskar River, Ladakh, Nordindien.

BESTE ZEIT Die sicherste Zeit für eine gute Eisdecke auf dem Fluss ist Anfang Januar bis Mitte Februar, obwohl die Bedingungen von Jahr zu Jahr variieren. Ob man die Tour ganz durchführen kann, hängt von den Eisverhältnissen ab.

START-/ENDPUNKT Die Tour beginnt in Chilling (eine etwa 5-stündige Busfahrt von Leh entfernt); Trekker wandern entweder von Padum auf derselben Route zurück (selten) oder gelangen auf der Straße oder mit dem Helikopter wieder nach Leh.

DAUER 14 Tage (260 km). Schlechte Bedingungen können die Dauer verlängern. Die Tour kann abgekürzt werden, indem man schon vor Padum auf derselben Route zurückwandert. Beliebt ist auch der 4-tägige Lingshet-Trek (hin und zurück 8 Tage).

HÖCHSTER PUNKT Manchmal sind Ausweichstrecken bis zu hohen Pässen (4000 m) und dann wieder zum Fluss zurückzulegen.

TECHNISCHE ANFORDERUNGEN Eine gewagte Tour. Die Teilnehmer müssen körperlich fit sein und mit extremer Kälte zurechtkommen. Mitunter müssen sie außerdem durch eiskaltes Wasser waten oder Felshänge hinaufklettern, und zwar stets bei Temperaturen unter null Grad. Die durchschnittliche Tagestemperatur im Schatten beträgt -5°bis -25°C.

AUSRÜSTUNG Geeignete Thermokleidung, Stiefel und Schlafsack für extreme Wetterbedingungen und Temperaturen bis -40°C. Wanderstöcke, ein Seil, zusätzliche Handtücher und ein zweites Paar Stiefel sind ebenfalls nützlich. Verpflegung, Kochutensilien und Brennstoff für die gesamte Tour müssen vor dem Aufbruch in Leh gekauft werden, da sie in Zanskar möglicherweise nicht erhältlich sind.

CHARAKTER Eiswandern mit einem Führer, Koch und Trägern aus der Region. Übernachtungen in Höhlen und Zanskari-Häusern. Strecke und Länge der Tagesmärsche hängen von den Eisverhältnissen ab. Ohne erfahrenen Führer sollte man die Tour keinesfalls unternehmen

KARTEN Eine Karte der Region (1:350 000) ist bei Éditions Olizane, Genf, publiziert.

GENEHMIGUNGEN/BESCHRÄNKUNGEN Zurzeit keine Erlaubnis o. Ä. erforderlich. Man sollte sich aber über die politische Situation in Zanskar und den Nachbargebieten informieren.

INFORMATIONEN Websites: www.jktourism.org (Jammu & Kashmir Tourism)
www.ibexexpeditions.com

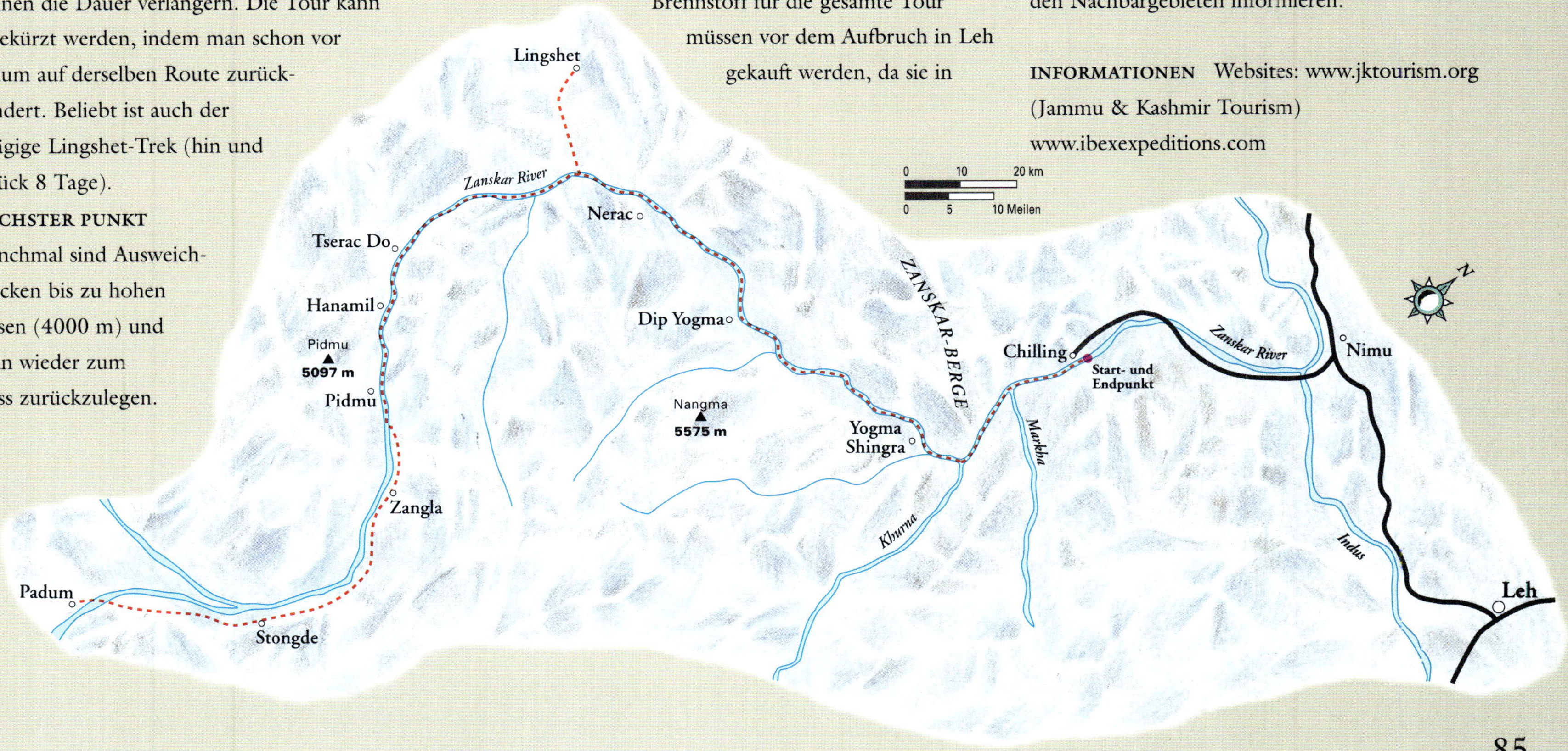

PARO-CHHU-TAL: TIGERNEST & HEILIGER BERG

Land des Donnerdrachens

Am besten beginnt man mit einer Tagestour vom Paro-Tal zum berühmten Kloster »Tigernest« – Taktsang, wie es in der Landessprache heißt. Taktsang Gompa wäre die exakte Bezeichnung, da mehrere Gebäudekomplexe dazugehören. Mitunter hört man auch den Namen Taktsang Lhakhang, also »Tempel« bzw. »Hauptschrein«. (Ein *Gompa* enthält mehrere *Lhakhangs.*)

Auf der ersten vierstündigen Wanderung steigt man 1000 Höhenmeter bis auf 3100 m auf und kann sich langsam in der Höhe akklimatisieren. Es geht durch Reisfelder, Wacholder- und Kiefernwälder, an Gebetsfahnen vorbei und an *Chörten*, um die man im Uhrzeigersinn herumgehen sollte.

Den perfekten Blick auf das Kloster eröffnet ein Felssteig. Im April 1998 wurde ein Großteil des Tempels zerstört. Die Restaurierung ist zwar weit fortgeschritten, doch hat das gewaltige Feuer sogar die Felswand in Mitleidenschaft gezogen. Der Komplex besteht aus zahlreichen weißen Gebäuden, die wie von Zauberhand an den schwarzen Felsen gehalten werden. Man erreicht sie in einem mehrstündigen Aufstieg bzw. mit einer Lastenseilschwebebahn, die die Schlucht überspannt. Fremden wird der Besuch erst nach Abschluss der wichtigsten Arbeiten erlaubt sein.

Die eigentliche Tour nach Jangothang beginnt am nächsten Tag bei den Ruinen der Festung Drukgyel Dzong (2580 m). Einst wurden hier vordringende tibetische Armeen zum Rückzug gezwungen. Ein unbefestigter Weg führt vom *Dzong* das Paro-Chhu-Tal (*Chhu* bedeutet »Fluss« oder »Wasser«) aufwärts und folgt dabei dem tosenden Fluss. Seine Ufer sind überaus fruchtbar und jeder Zentimeter Land wird von Reisfeldern bedeckt.

Ab und zu beleben traditionelle Häuser aus Lehm und Stein die Szenerie. Sie haben drei Stockwerke: Im untersten halten die Bauern ihre Tiere, darüber leben sie selbst und unter dem Dach trocknen sie Heu oder Nahrungsmittel. Sämtliche Häuser sind weiß gestrichen, sie haben unverglaste, geschnitzte Holzfenster, kunstvoll bemalt mit buddhistischen Glückssymbolen. Die schrägen Dächer bestehen aus Holzschindeln, die man mit Steinen beschwert. Kamine gibt es keine und so bahnt sich der Rauch durch sämtliche Ritzen und Öffnungen seinen Weg ins Freie. Auf die Reisfelder folgen bald Anbauflächen mit Hafer, Chilis und Kartoffeln. Gebetsfahnen flattern im Wind, und die von der Strömung im Fluss angetriebenen Gebetsmühlen nicht still stehen.

Hat man den Militärposten von Gunyitsawa (2810 m) passiert, erreicht man den Lagerplatz für die erste Nacht. Auf einer idyllischen Wiese am Fluss werden Zelte aufgeschlagen, Stühle und Tische auseinander geklappt, ehe man unter dem Sternenhimmel zu Abend isst.

Die nächsten beiden Tage steigt der Weg im Tal kontinuierlich bergan, mehrmals wird der Fluss auf hölzernen Auslegerbrücken überquert. Wasserfälle sprudeln über die Flanken, und in der herbstlich klaren Hochgebirgsluft scheinen die Bäume zu glühen. Am zweiten Tag nach Drukgyel Dzong führt die Route in den Nationalpark Jigme Dorje. Das Reservat ist Bhutans größtes geschütztes Waldgebiet und die Heimat gefährdeter Arten wie Schneeleopard,

LINKS OBEN *Dieses Steinhaus ist der Mittelpunkt des Lagers von Jangothang. Gemütlich wird es darin, sobald in einer Grube im Boden das Feuer lodert.*
RECHTS *Oktober und November sind die Haupttrekkingmonate in Bhutan und meist trocken, doch in den Bergen kann das Wetter jederzeit umschlagen.*

GANZ OBEN *In Bhutan werden die Bergwanderer stets von Helfern begleitet Besonders wichtig ist derjenige, der sich um die Pferde kümmert. Diese sind klein und trittsicher und tragen das gesamte Gepäck sowie die Verpflegung für mehrere Tage. Das Bild zeigt den ehemaligen Mönch Nado beim Aufzäumen eines seiner Ponys für den Trek zum Chomolhari.*
OBEN *Ein Zelt der Wanderer und die kleine Festung in Jangkothang im unerwarteten Schneekleid. Sogar in den trockenen Monaten Oktober und November kann es plötzlich schneien – vor allem in dieser Höhe (4090 m).*
RECHTS *Der heilige Berg Chomolhari erglüht im Licht der Abenddämmerung. Bhutans drittgrößter Berg ist 7314 m hoch. Der Name bedeutet »Göttin des Berges«.*

roter Pandabär und Takin, der wie eine Kreuzung aus Gnu und Moschus aussieht. Der berühmte Biologe George Schaller nannte die Rindergämse einen *bee stung moose*, einen »von der Biene gestochenen Elch«, denn sie ähnelt dem nordamerikanischen Elch und hat eine höckerige Nase. Die Tierwelt ist äußerst exotisch, man sieht Wiedehopfe mit aprikotfarbener Federhaube und schwarz-weiße Schmetterlinge, deren Flügel fein gezeichnet sind.

Das zweite Nachtlager ist Thangthangka: eine Wiese auf 3630 m mit einem kleinen Schutzbau aus Steinen in der Nähe eines Zedernwäldchens. Kurz nach dem Aufbruch am nächsten Morgen erblickt man erstmals den Chomolhari. Die Erwartung steigt. Hat man die 4000-Meter-Marke überschritten, verändert sich schlagartig die Landschaft. Wasserfälle rauschen an felsigen Amphi-

theatern vorbei und im breiter werdenden Tal liegen enorme Gletscherbrocken. Dies ist das Land der zotteligen Jaks. Sie dienen hier nicht nur als Packtiere, auch ihr dunkles, aromatisches Fleisch wird gegessen. Herden mit den seltenen blauen Schafen *(bharal)* kann man ebenfalls zu Gesicht bekommen.

Hier oben gibt es nur noch wenige Häuser. Meist hängt an ihren Wänden Heu zum Trocken, denn wenn im Winter der Schnee bis zu den Fenstern des zweiten Stocks reicht, finden selbst die widerstandsfähigen Jaks kein Futter mehr. Eines dieser Häuser gehört einer Flüchtlingsfamilie aus Tibet. Sie lebt im zweiten Stock in einem einzigen großen Raum mit dicken Bodendielen und Schiebeläden vor den unverglasten Fenstern. Ein hoher Schrank dient als Altar, auf dem sieben kleine Schalen mit heiligem Wasser vor einem Schrein stehen. An die Wände sind Schwarzweißfotos des Königs gepinnt und von einem Dachbalken hängen getrocknetes Fleisch und Chilis. Nicht weit entfernt liegt das Basislager Jangothang auf 4090 m. Plötzlich kommt wieder die mit Eis überzogene Pyramide des Chomolhari in Sicht. Dieses Panorama unmittelbar hinter dem Lager ist sicher eines der schönsten im Himalaja.

Nun gibt es mehrere Möglichkeiten der Rückkehr: Man kann über den 4890 m hohen Pass Nyile La nach Thimphu oder Laya gehen oder nach Osten über die abgelegenen Bhonte La und Thombu La zurück zum Paro Chhu. Der kürzeste Rückweg ist die Drei-Tages-Wanderung am Paro abwärts. Doch so Zeit, Budget und Wetter es zulassen, bieten die beiden Varianten spektakuläre Landschaftserlebnisse in den einsameren Regionen dieses Bergparadieses.

KHARKHIRAA & TURGEN

Zwischen den Zwillingsbergen

Altai-Gebirge, westliche Mongolei

GRAHAM TAYLOR

Viele Menschen glauben, die gesamte Mongolei sei hügelige Steppe oder Wüste. Doch die Bergwelt, die diese Landschaften umgibt, bietet Wanderern ein faszinierendes Naturschauspiel mit Gletschern und Hochgebirgstälern, durch die Nomadenfamilien mit ihren Jaks und Kamelen ziehen. Wer Glück hat, sieht sogar einen Schneeleoparden.

Die Mongolei ist das zweitgrößte Land Asiens – bei 2,5 Millionen Einwohnern (2002) allerdings das mit der geringsten Bevölkerungsdichte. Nach enger politischer Bindung an die UdSSR erlangte das Land 1991 politische Unabhängigkeit und hat heute eine demokratisch gewählte Regierung. Berühmt ist die Mongolei aber vor allem als Geburtsland des großen Kriegers Dschingis Khan, der im ausgehenden 12. und frühen 13. Jahrhundert das Mongolenreich auf ein Gebiet ausdehnte, das von Polen über den gesamten asiatischen Kontinent bis nach Japan und im Süden bis nach Burma (Myanmar) reichte. Es war das größte Imperium, das auf der Welt je existierte.

Die Zwillingsberge Kharkhiraa und Turgen liegen in Uvs Aimag (*aimag* bedeutet »Provinz«) im äußersten Nordwesten der Mongolei und sind die Heimat von Schneeleopard, Steinbock und Argali-Bergschaf. Die aus dem Becken des Uvs-Sees fast 3500 m senkrecht aufsteigenden vergletscherten Massive bilden einen atemberaubenden Kontrast zur flachen Steppenlandschaft. Die Provinz Uvs liegt etwa 1500 km von Ulaanbaatar, der Hauptstadt der Mongolei entfernt. Bemerkenswert wegen seines Artenreichtums, wird das Gebiet von der Senke des Uvs, des größten Sees der Mongolei, sowie von den Boorog Deliin Els, den am weitesten nördlich gelegenen Sanddünen der Erde, geprägt In den Sommermonaten treiben Nomaden ihre Herden mit Pferden, Schafen, Jaks und Kamelen in die Flusstäler, damit sie auf den Wiesen grasen. Die weißen Jurten *(ger)* der Nomaden sind hier ein häufiger Anblick.

Turgen und Kharkhiraa liegen in der Turgen Strictly Protected Area, die zur größeren Artenschutzregion des Altai-Sayan gehört und Teil eines Projekts des World Wide Fund for Nature (WWF) in der Mongolei ist. Die Zwillingsberge bilden das isolierte Randgebirge des Mongolischen Altai Nuruu, das wiederum zu einer bogenförmigen Gebirgskette gehört, die sich von der Wüste Gobi im Süden durch Kasachstan bis zu den Bergen des Tien Shan in Nord-Pakistan erstreckt.

Trekker finden im Turgen-Schutzgebiet viele Möglichkeiten für interessante Touren, doch die vielleicht beste Option ist ein 100 km langer Trek entlang den Flüssen Kharkhiraa (»Klang des Wassers«) und Yamaatiin (»Ziege«). Die ersten drei Tage folgt man dem Kharkhiraa aufwärts bis zu dessen Oberlauf unweit der Gletscher der Zwillingsberge. Der Kharkhiraa-Pass (2974 m) ist ein gutes Basislager für Erkundungstouren in die eisgefüllten Seitentäler. Gute Bergsteiger mit Gletschererfahrung werden den Kharkhiraa-Gipfel in einer einfachen Tagestour meistern. Vom Pass aus benötigt man weitere drei Tage, um das Yamaatiin-Tal abwärts zum Ende der Bergkette zu gelangen. Im Gegensatz zum dichter besiedelten Tal des Kharkhiraa erlebt man entlang dem Yamaatiin eine einsame Graslandschaft mit herrlichen Wildblumen.

Ulaangom (30 000 Einwohner), die Hauptstadt der Provinz Uvs, bildet den Ausgangspunkt für viele Trekking-Touren in die Umgebung und ist mit dem Flugzeug in drei Stunden zu erreichen. Der nationale Flugverkehr der Mongolei ist für die Bewohner im äußersten Westen des Landes geradezu lebenswichtig, denn die Alternative zum Flug zwischen Ulaangom und Ulaanbaatar ist eine fünftägige Busreise auf unbefestigten Straßen, die diese Bezeichnung kaum verdienen. Das verschlafene Ulaangom (»roter Sand«) dehnt sich entlang einer einzigen Hauptstraße aus. Vor Geschäften festgemachte Pferde lassen dort sofort an Wildwestfilm-Kulissen denken. Der Markt der Stadt eignet sich bestens zum Kauf von Vorräten wie Gemüse, Nudeln, Reis, Brot, Schokolade und anderen Nahrungsmitteln. Wer eine selbst organisierte Tour unter-

LINKS OBEN *Ein Familienporträt: Viele Familien, die im Sommer im Tal von Kharkhiraa leben, gehören zum Volk der Khoton.*

LINKS *Der spektakuläre Uureg-See am nördlichen Rand der Turgen Strictly Protected Area ist einer der wenigen Süßwasserseen der Region.*

GANZ OBEN *Kamele sind die wichtigsten Lastentiere in der Mongolei. Eine Familie kann gewöhnlich ihren gesamten Haushalt auf nur vier Kamele laden.*

OBEN *Der vergletscherte Gipfel des Kharkhiraa ist ein beliebtes Ziel der Bergsteiger. Vom Tal aus müssen 1000 Höhenmeter überwunden werden.*

nimmt, sollte exotischere Nahrungsmittel wie Salami, Müsli, Milchpulver und dergleichen jedoch lieber in Ulaanbaatar erstehen. Eine ganz wichtige Adresse ist das Büro des Nationalparks, wo man Informationen über die Region erhält und die Eintrittsgebühr (meist pro Tag und Person berechnet) bezahlt.

Der kleine Ort Tarialan Soum, 30 km südwestlich von Ulaangom, ist mit dem Geländewagen zu erreichen und der eigentliche Startpunkt für Touren ins Kharkhiraa-Tal. Hier ist das Volk der Khoton beheimatet, eine ethnische Minderheit, die für ihren Tanzstil *(biyelgee)* berühmt ist. Es heißt, dass die Khoton ihren Kindern bereits mit zwei Jahren das Tanzen beibringen – bevor sie Reiten lernen. Tarialan Soum, ein Verwaltungszentrum, das auf das kommunistische Regime zurückgeht, ist ein sauberes, aber vernachlässigtes Relikt dieser Zeit mit einer Stadthalle, einem Gemeindezentrum und einer Schule.

Auf beeindruckende Weise stürzt der Kharkhiraa zwischen 1500 m steil aufragenden Bergen durch eine kaum 500 m breite Schlucht. Der Fluss windet sich an Geröllhängen entlang und macht dieses Gebiet zu einer der größten Herausforderungen der Tour. Der schnell fließende Kharkhiraa, aus den Gletschern gespeist und hüfttief, ist in seinem unteren Bereich nur 30 m breit. Doch außer im Winter und bei Trockenheit erschweren Wassertiefe und starke Strömung die Durchquerung ganz erheblich. Einheimische sind mit Pferd oder Kamel unterwegs – oder mit einem fünf Tonnen schweren Laster, der alle paar Tage viele Menschen über den Kharkhiraa bringt. Mit einem normalen Allradantrieb ist das Flussbett in der Regel unpassierbar.

Zu Fuß kommt man auf einem Ziegenweg auch am linken (südlichen) Flussufer voran, falls Lkw oder Tragtiere nicht zur Verfügung stehen. Eine Durchquerung zu Fuß ist zu gefährlich! Nach einer 10 km langen Wanderung flussaufwärts wird das Tal weiter und hügeliger, der Fluss breiter und seichter. Man sollte jedoch weitere 5 km am südlichen Ufer bleiben, ehe man den Kharkhiraa schließlich durchquert.

Im Sommer sind hier viele Hirten mit ihren Herden unterwegs, sodass man gute Chancen hat, auf einem Pferd ans andere Ufer zu gelangen. In diesem Bereich bildet das nördliche Flussufer ein breites erhöhtes Plateau – vor Hochwasser geschütztes, ideales Weideland. Daher trifft man hier auf viele Nomaden, deren weiße Jurten hier überall aufgebaut sind.

An der Einmündung des Turgen muss man diesen durchqueren, doch ist er erheblich schmaler als der Kharkhiraa. Am anderen Ufer verlässt die Route eine Zeitlang die Flussufer und folgt für 20 km einem u-förmigen Tal. Im Sommer sind die Wiesen hier saftig und grün und voller schwarz-weißer Jaks. Der Pfad steigt kontinuierlich an und erreicht bald die Höhe der Berge, die vorher über dem Tal thronten. Unvermittelt schwenkt das Flussbett in einem Bogen nach Norden – und völlig überraschend zeigen sich der knapp 4000 m hohe Kharkhiraa und der Kharkhiraa-Pass.

Nach dem dreitägigen Marsch sind die Wiesen unterhalb des Passes ein idealer Lagerplatz, von dem man Tagestouren in die Umgebung unternehmen kann. Der Kharkhiraa-Gipfel lässt sich leicht an einem Tag besteigen – je nach

RECHTS *Nach der Mündung des Turgen in den Kharkhiraa schwenkt der Uferweg nach Norden, das anfangs schmale Tal weitet sich zu einem u-förmigen Flussbett und gibt den Blick auf den beeindruckenden Kharkhiraa-Gipfel frei.*

Wetterverhältnissen mit oder ohne Eispickel und Steigeisen. Hier hat man einen beeindruckenden Blick über ein kleines Eisplateau aus Schneefeldern, Gletschern und bizarr gefrorenen Wasserfällen. Der Turgen-Gipfel ist dagegen eine größere Herausforderung, da er sich über einem Gletscher erhebt, der in das Tal des Kharkhiraa-Flusses mündet. Doch auch viele andere, kleinere Berge und Täler lassen sich hier erkunden.

An diesem Punkt wendet man sich entweder dem Tal des Yamaatiin zu oder kehrt nach Tarialan Soum um (zwei Tage lang bergab). Wer sich für die komplette Tour entscheidet, muss zuvor einen Transfer mit dem Jeep organisiert haben, denn sonst wird es eine sehr, sehr lange Wanderung.

Der Kharkhiraa-Pass, geformt von den Gletschermoränen der Zwillingsberge, ist breit und eben. Während man der Route weiter nach Westen über ein Hochplateau mit sumpfigen, feuchten Wiesen folgt, sieht man über 200 km weit die westlichsten Ausläufer des Altai-Gebirges. Nach 20 km schwenkt der Weg nordwärts, es geht 600 Höhenmeter zum Yamaatiin-Pass hinauf und dann wieder steil hinab zum Fluss, der das Schmelzwasser der Eiskappe des Turgen führt. Das Yamaatiin-Tal bildet einen großen Kontrast zur Landschaft am Kharkhiraa: Statt grüner Weiden und Viehherden prägen weite Flächen mit hohem Steppengras das Bild. Hier wandert man in echter Wildnis – und darum werden in diesem Tal auch Schneeleoparden aktiv erforscht. Bergwanderer bekommen die seltene Wildkatze jedoch kaum zu sehen, viel eher ein paar große Argali-Bergschafe mit ihren riesigen Hörnern.

Die Etappe im Tal des Yamaatiin ist relativ einfach. Man folgt dem nördlichen Flussufer und überquert dabei viele kleine Nebenflüsse. Nach 25 km wird der Fluss breiter, seine Ufer verlieren an Steilheit und gehen in ein sanftes Hügelland über. Nach einer Strecke von 100 km ist man am Ziel.

Noch eine Bemerkung zum Schluss: Da die Tour durch eine sehr abgelegene Region verläuft, müssen die Teilnehmer viel Erfahrung mit Campen in der Wildnis und selbstständiger Routenbestimmung haben. In den Bergen kann es jederzeit schneien, worauf die Ausrüstung und die Planung abgestimmt sein müssen. Die Gastfreundschaft der Nomaden kann mitunter lebensrettend sein, doch sollte man sie nicht überbeanspruchen.

OBEN *Der seltene Schneeleopard hat eine kurze Schnauze und eine hohe Stirn; sein gelbliches Fell mit schwarzer Zeichnung bietet ihm eine gute Tarnung.*

RECHTS *Im Hintergrund der Turgen mit seiner Eiskappe. Zur sommerlichen Schneeschmelze verwandelt sich der Kharkhiraa in einen reißenden Strom.*

LAGE Turgen Strictly Protected Area, Provinz Uvs, nordwestliche Mongolei.
BESTE ZEIT Sommer (Juni bis August); im Sommer gehen nachmittags oft heftige Regenschauer nieder.
STARTPUNKT Tarialan Soum, in der Nähe von Ulaangom, der Provinzhauptstadt von Uvs.
ENDPUNKT Unterlauf des Yamaatiin für die komplette Tour; alternativ frühere Rückkehr nach Tarialan Soum.
DAUER 7 Tagesmärsche (100 km).
HÖCHSTER PUNKT Yamaatiin-Pass (3174 m).
ANREISE Inlandsflüge von Ulaanbaatar nach Ulaangom dreimal pro Woche. Für die 40 km nach Tarialan Soum kann man in Ulaangom problemlos ein Auto mieten. Den Transfer am Ende der Tour sollte man im Voraus organisieren. (Die nähere Umgebung ist unbewohnt und man muss sich darüber im Klaren sein, was ein verpasster Transfer bedeutet.)
TECHNISCHE ANFORDERUNGEN Die Tour ist von mittlerer bis höherer Schwierigkeit, für erfahrene Bergwanderer mit guter körperlicher Konstitution. Mehrere Durchquerungen des schnell fließenden Kharkhiraa, je nach Wasserstand teilweise nur mit einem Pferd möglich.
AUSRÜSTUNG Stabile Lederstiefel, Wanderstöcke, Regenschutz (Jacke und Hose) aus Goretex oder ähnlichem Material, Thermounterwäsche, Vier-Jahreszeiten-Zelt und -Schlafsack, Gaskocher und Kochutensilien. Eispickel und Steigeisen für alle, die unterwegs einige Berge besteigen wollen.
CHARAKTER Trekking-Tour in der Wildnis; man läuft auf Reitwegen, meist in Flusstälern. Das Gebiet wird im Sommer von Nomaden, die ihre Herden weiden, bewohnt. Entlang der Route gibt es jedoch keinerlei Infrastruktur und Bergwanderer müssen sich selbst versorgen. Regionale Trekking-Agenturen bieten organisierte Touren an, die aufgrund der Abgeschiedenheit der Region zu empfehlen sind.
GENEHMIGUNGEN/BESCHRÄNKUNGEN Alle Besucher des Nationalparks benötigen eine Genehmigung, die man bei der Ankunft in Ulaangom im Büro des Nationalparks erhält.
KARTEN Topographische Karten, 1:500 000 (Blatt M-46-B), erhältlich in Ulaanbaatar.

INFORMATIONEN Uvs Province Strictly Protected Area Administration, Government Building, Ulaangom, Mongolei; Tel. +976-01-45223607. Karakorum Expeditions Mongolia, Jiguur Grand Hotel, Transport St., Ulaanbaatar; PO Box 542, Ulaanbaatar-46, Mongolei.
Website: www.gomongolia.com

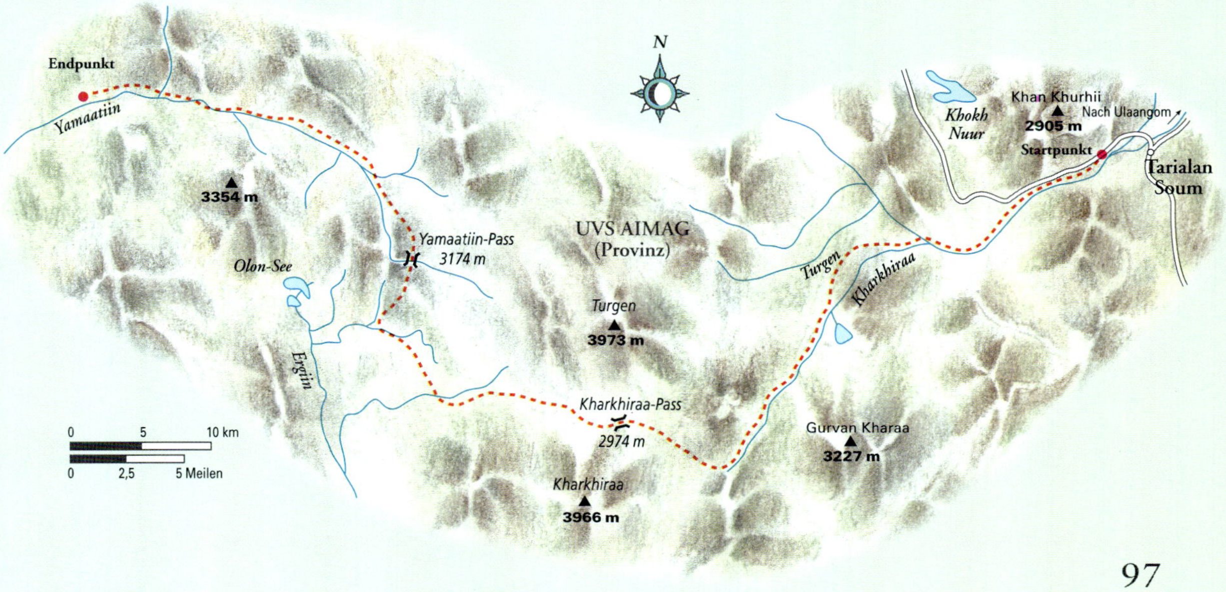

EUROPA

DER JAKOBSWEG

Auf den Spuren der Pilger zum Grab des Apostels Jakobus

Von den Pyrenäen nach Galicien, Nordspanien

PADDY DILLON

Der Jakobsweg, in Spanien heißt er Camino de Santiago, wurde zum Inbegriff eines Pilgerweges – und inzwischen als »Erster europäischer Kultur-Reiseweg« ausgezeichnet. Aus ganz Europa führen Einzelwege in Richtung der Pyrenäen, bündeln sich dort und streben in zwei Routen westwärts. Diese Konzentration einer multinationalen Pilgerschar erhob den Camino zum Symbol der europäischen Einheit. Seit nunmehr einem Jahrtausend folgen Pilger dem Jakobsweg, der in den letzen Jahren eine Renaissance erfahren hat. Die meisten *peregrinos* (»Pilger«) sind zu Fuß unterwegs, viele auch mit dem Fahrrad, einige sogar zu Pferd. Ihr Ziel ist die Kathedrale von Santiago de Compostela mit dem Grabmal des heiligen Jakobus d. Ä.

Der Jakobsweg ist keine schwierige Tour, dafür lang und im Sommer bisweilen sengend heiß und überlaufen. Im Frühjahr und Herbst wandert man geruhsamer, zur Winterszeit allerdings nicht ohne Einschränkungen, da viele Einrichtungen geschlossen sind und in höheren Regionen Schnee liegt. Ein Großteil der Route führt über Staubstraßen oder Wege, teilweise auch entlang von Asphaltstraßen. Harter Untergrund bedeutet, dass man sich Gedanken über das Schuhwerk machen muss – Blasen läuft man sich schnell. Die Routenmarkierungen sind durchweg gut: eine Jakobsmuschel (das Symbol des heiligen Jakobus) oder gelbe Pfeile. Eine detaillierte Streckenbeschreibung benötigt man nicht, sehr nützlich sind hingegen Informationen über Sehenswürdigkeiten und Unterkünfte, Spanischkenntnisse von Vorteil, wenngleich nicht zwingend. Die Einheimischen wissen, warum man hier ist, wohin man geht und was man braucht. Sie haben seit tausend Jahren Erfahrung mit Pilgern!

LINKS OBEN *In dem galicischen Dorf O Cebreiro wirkte der Priester Don Elias Sampedro, der wesentlich zur Wiederbelebung des Jakobswegs beitrug.*
LINKS *Der Camino in einer der heißesten und trockensten Gegenden nahe dem Dorf Hornillos, wo es für Wanderer und Radfahrer kühle Erfrischungen gibt.*
GANZ OBEN *Die Darstellung der Hölle auf einem Steinfries an der Kirche Las Animas in der spanischen Pilgerstadt Santiago de Compostela.*
OBEN *Im Mittelpunkt des jährlichen Stadtfestes von Pamplona stehen die Stiertreiben, bei denen sich Männer waghalsig zwischen die Stiere drängen.*
VORHERGEHENDE SEITEN *Blick von der Phoenix-Bucht zurück nach Loutró, das die Lefká Óri, Kretas »Weiße Berge«, wie ein Amphitheater umrahmen.*

PROVINZ NAVARRA

Obwohl einige Pilger die Pyrenäen von St-Jean-Pied-de-Port in Frankreich her überqueren, ist für viele Roncesvalles, am Fuß der spanischen Pyrenäen, der eigentliche Beginn ihrer Reise. In Navarra führt die Route zwischen bewaldeten Hügeln über zahlreiche Dörfer und entlang dem Río Arga. Pamplona, berühmt für die jeden Sommer stattfindende Stierhatz durch die Straßen, ist die erste Stadt auf der Route. Es geht ein Stück bergauf über die Sierra del Perdón und weiter nach Puente la Reina (*puente* bedeutet »Brücke«).

Kurz danach gelangt man in das hübsche, auf einem Hügel gelegene Dorf Cirauqui und folgt einer römischen Straße, die sich bis Estella mit einigen anderen Pilgerwegen vereint. In Irache können Pilger an einem öffentlichen Weinbrunnen ihren Durst stillen. Eine lange, trockene Etappe ist zwischen Villamayor und Los Arcos zu bewältigen. Von dort zieht sich der Weg durch Felder, Weingärten und Olivenhaine, vorbei am hoch gelegenen Dorf Torres del Río, ehe die Wanderer das alte Viana erreichen. Auf dem weiteren Weg in die Stadt Logroño durchqueren sie eine karge Landschaft.

PROVINZ RIOJA

Logroños altes Zentrum empfängt seine Besucher mit Flair und Charme, doch quält der eintönige Marsch durch die Vororte. Auf dem Abschnitt nach Navarrete passiert der Camino ein Naturschutzgebiet, in dem der künstliche See Pantano de La Grajera Wasservögel anlockt. Vor allem aber ist Rioja Rebland, in dem einige der besten Weine Spaniens produziert werden. Hat man mühevolle Straßenkilometer hinter sich gebracht, folgen idyllische Wege durch hügelige Landschaft. Nájera am Fuß eines roten Sandsteinfelsens rückt näher. Auch das nächste Ziel, Santo Domingo de la Calzada (nach dem hl. Dominikus benannt, der Pilgern beim Bau von Brücken und eines Damms half), erreicht man auf einfachen Pfaden in einer offenen Kulturlandschaft. Die Kathedrale der Stadt ist eine wahre Schatzkammer mit Steinmetzarbeiten und reich ornamentiertem und vergoldetem Schnitzwerk. Zwischen Santo Domingo und Belorado folgen zwei unangenehme Straßenetappen.

PROVINZ BURGOS

Eine Vielzahl hübscher Dörfer macht die Strecke ab Belorado spannend. Nach Villafranca überquert man die Montes de Oca, ehe es durch Eichen- und Kiefernwälder hinabgeht nach San Juan de Ortega. Namenspatron war ein Gefolgsmann des hl. Dominikus; wie dieser half er Brücken, Straßen und Hospitäler für die Pilger zu bauen. Malerische Dörfer, von Weizenfeldern umgeben, liegen am Weg in ein raues Kalksteinhochland, das einen herrlichen Blick auf die Stadt Burgos gewährt. Nach einiger Zeit gelangt man durch die weitläufigen Außenbezirke ins alte Stadtzentrum mit seiner grandiosen Kathedrale.

Bei Burgos steigt das Land zur *meseta* an, einem trockenen Hochplateau, dessen Weizenfelder man in der sengenden Sonne auf langen Wegen durchquert. Man sollte reichlich Wasser dabei haben, denn zwischen den Dörfern liegen viele Stunden. Castojeriz, gekrönt von einer mittelalterlichen Schlossruine, ist die einzige größere Stadt, die letzte Rast, ehe man sich auf den Weg durch die Hochebene in Richtung des Río Pisuerga aufmacht.

PROVINZ PALENCIA

Die grüne Landschaft am Ufer des Río Pisuerga wird abermals von der kargen *meseta* abgelöst, bevor der Camino Frómista erreicht. Die Attraktion des Ortes ist ein Schmuckstück romanischer Baukunst: die Kirche San Martín.

Parallel zur Straße führt ein guter Pfad durch die Region Los Campos, vorbei an sympathischen Dörfern, in denen einige historische Gebäude von Interesse sind. Das Ziel ist Carrión de los Condes. Dann zieht sich eine länge-

GANZ OBEN *Die moderne Statue eines Jakobspilgers.*
OBEN *Wanderer überqueren ein Stoppelfeld auf der »meseta« in sengender Hitze.*

RECHTS OBEN *Über eine gut erhaltene Römerstraße verlassen die Jakobsweg-Wanderer das auf einem Hügel thronende Cirauqui.*

LAGE Am Fuß der Pyrenäen beginnend, über Navarra bis A Coruña, Nordspanien.
BESTE ZEIT Im Sommer (Juli/August) sehr überlaufen. Problemlos begehbar ist die Route von März bis Oktober, im Winter können höhere Regionen schneebedeckt und viele Unterkünfte geschlossen sein.
STARTPUNKT Roncesvalles, spanische Pyrenäen.
ENDPUNKT Die Kathedrale von Santiago de Compostela, der Hauptstadt Galiciens (autonome Region im Nordwesten Spaniens).
DAUER Zu Fuß oder mit dem Pferd ein Monat, zwei Wochen mit dem Fahrrad (800 km).
HÖCHSTER PUNKT Cruz de Hierro (1504 m) in Galicien.
TECHNISCHE ANFORDERUNGEN Sieht man von der Länge ab, ist die Route einfach, wenn man die täglichen Strecken überlegt plant. Im Sommer wird es sehr heiß, man muss stets ausreichend Wasser dabei haben und sich im Schatten ausruhen. Am besten startet man frühmorgens, wenn es noch kühl ist.
AUSRÜSTUNG Leichte Wanderschuhe, gute Sportschuhe oder Sandalen sind besser als schwere Trekking-Stiefel (die oft Blasen verursachen). Leichter Schlafsack und Isomatte, leichter Regenschutz. Im Sommer leichte, helle Kleidung, Sonnenhut und Sonnenschutz sowie eine große Wasserflasche.
CHARAKTER Rucksacktour mit Übernachtungen in Pilgerherbergen oder anderen Unterkünften. Camping ist möglich. Die meisten Pilger gehen zu Fuß, viele fahren mit dem Rad und einige reiten auch.
GENEHMIGUNGEN/BESCHRÄNKUNGEN Keine. Wer in Pilgerherbergen übernachten möchte, sollte sich im Pilgerbüro in Roncesvalles das *credencial* (Pilgerpass) besorgen und dieses täglich in Kirchen und Herbergen abstempeln lassen, um zu beweisen, dass man wirklich auf dem Jakobsweg unterwegs ist. Für den überall abgestempelten Pilgerpass erhält man in Santiago dann die Pilgerurkunde, die *compostela*.

INFORMATIONEN Auskünfte bei den spanischen Fremdenverkehrsämtern sowie vielen Veranstaltern und Pilgerbüros.
Websites: www.xacobeo.es (offizielle Camino-Website); www.csj.org.uk (Confraternity of St. James, englische Bruderschaft, die sich für die Wiederbelebung des Pilgerwegs engagiert).

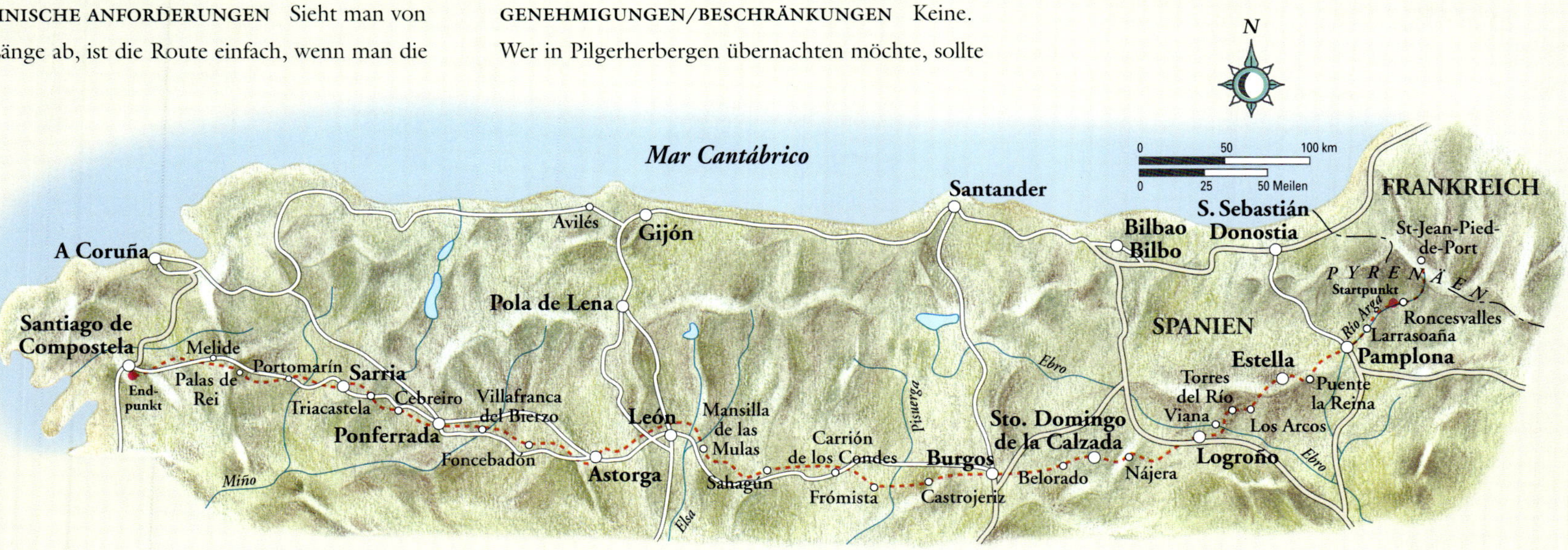

rer Strecke bis Calzadilla de la Cueza durch offenes Gelände. Es folgen ländliche Siedlungen, doch nicht in allen gibt es Unterkünfte oder Gasthäuser bzw. Geschäfte. Darum sollte man sich im Voraus informieren.

PROVINZ LEÓN

In Sahagún wurden drei Kirchen zu Nationaldenkmälern erklärt – eine Erkundungstour durch die Stadt lohnt sich also. Eine lange Reihe Platanen spendet auf dem weiteren Weg in dieser trockenen Gegend voll wogender Weizenfelder angenehmen Schatten. Die Dörfer Bercianos, El Burgo Ranero und Reliegos sind willkommene Oasen für eine Erfrischung und kühle, schattige Rast. Hinter der Stadt Mansilla de las Mulas wird die Landschaft abwechslungsreicher, der Camino nähert sich León. In der Kathedrale der alten Königs- und Bischofsstadt sind die außergewöhnlichen Buntglasfenster ein absolutes Muss.

Auf ruhigen Wegen verlässt man die Stadt, die von einer trockenen, unwirtlichen Ebene umgeben wird, wo aber ein weites Panorama versöhnt. Man überquert eine lange Pilgerbrücke, und weiter geht es durch Kulturlandschaft, an Dörfern vorbei bis nach Astorga mit einer schönen Kathedrale und einem interessanten Museo de los Caminos, das die Historie des Pilgerweges aufzeigt.

Bizarre Berge sind die Kulisse in der wilden, von Gestrüpp überzogenen Maragatería, während der Camino an Höhe gewinnt und Rabanal zustrebt. Die englische Herberge dort zählt zu den besten Pilgerunterkünften.

Nach dem verlassenen Dorf Roncebadón erreicht man Cruz de Hierro, den mit 1500 m höchsten Punkt des Jakobswegs. Die Route führt über einen Kamm, durch El Acebo wieder bergab und weiter durch bergiges Gelände nach Molinaseca, auf das die düstere Industriestadt Ponferrada folgt. Auf dem Weg nach Villafranca del Bierzo kommt man durch mehrere Dörfer und kann zwischen zwei Bergrouten wählen: einer kurvenreichen Straße und einem einfachen Pfad. Bei Trabadelo treffen sie wieder zusammen; von hier aus wandert man hinauf in die Berge Galiciens.

PROVINZ LUGO

Don Elias Sampedro, der für das wieder erwachte Interesse am Jakobsweg verantwortlich ist, war Mitte des 20. Jahrhunderts Priester in dem auf 1300 m liegenden Dorf O Cebreiro. Über Pfade geht es vor der Kulisse des Monte Caldeirón hinab nach Triacastela. Zwei Routen – nach links über Samos oder rechts ab über San Xil – treffen in der Stadt Sarria wieder aufeinander. Dahinter liegen mehrere kleine Ortschaften, der Streckenverlauf wird etwas unübersichtlich, da die Namen auf Schildern, Karten und in Führern nicht übereinstimmen. *Corredoiras* (Karrenwege) winden sich zwischen Feldern mit Steinwällen hindurch und nur über eine Brücke an einem Reservoir gelangt man nach Portomarín. Wieder ruhige Straßen queren die Sierra Ligonde in Richtung Palas de Rei.

PROVINZ A CORUÑA

In der grünen Landschaft zwischen Palas de Rei und Melide setzen Dörfer schmucke Akzente. Hier kreuzt der Camino mehrmals die Hauptstraße von Melide nach Santiago, trotzdem gibt es ruhige Abschnitte durch Eukalyptuswälder. Die ländlichen Siedlungen sind klein und einfach. Markanter Punkt nahe dem Flughafen Lavacolla ist das Pilgermonument auf dem Monte del Gozo.

Die letzte Etappe strebt durch die Vororte Santiagos dem alten Zentrum und der imposanten Kathedrale zu. Die Pilger betreten sie durch den Pórtico de la Gloria und berühren dort die Mittelsäule mit der Jakobus-Darstellung – wie Millionen vor ihnen. Ein silberner Schrein in der Krypta birgt die Gebeine des Apostels, der zum Nationalheiligen Spaniens wurde. Im Haus des Dekans erhalten die Pilgern schließlich die *compostela*, die Pilgerurkunde.

OBEN *Ein aus Stein oder Ziegeln gebauter traditioneller galicischer Getreidespeicher (»horreo«) neben einem Steinhaus in der Region Viveiro.*
RECHTS *Ein Wanderer beim Abstieg vom höchsten Punkt des Camino de Santiago, dem Cruz de Hierro auf 1504 m, zu dem kleinen Dorf El Acebo.*
GEGENÜBER *Die Kathedrale von Santiago de Compostela mit dem hoch verehrten Grab des Apostels Jakobus ist das Ziel der Wander- und Pilgertour.*

PICOS DE EUROPA

Felsnadeln und Kalkklötze

Kantabrisches Gebirge, Nordwestspanien

RONALD TURNBULL

Die Bergkette der Picos de Europa liegt im Zentrum der Cordillera Cantábrica an Spaniens nördlicher Atlantikküste. Wirkt sie auf der Landkarte auch klein – sie ist nur 30 km lang –, wurde das Gebiet dennoch zum Nationalpark erklärt. Der Gebirgsstock aus Kalksteintürmen und massigen Felsblöcken wird von Cañons durchzogen und zusammen mit dem Tal des Duje zerteilt die Cares-Schlucht die Picos in drei Massive. Von den Berghöhen stürzen lange, steile Rinnen zu den Flüssen hinab. Hier in der Region heißen sie schlicht *canal*. Am Cares, der in der beschriebenen Tour am fünften Tag überquert wird, ist der *canal* sogar einen Kilometer tief. Aus diesen Schluchten und Rinnen steigen spitze Kalkfelsen auf, deren berühmtester Vertreter, El Naranjo de Bulnes, ein etwa 500 m hoher, nackter Klotz ist.

Für die Tour bedeuten die steilen Rinnen, dass man wirklich fit sein muss, das Gewicht des Rucksacks besser auf ein Minimum beschränken und anstatt Proviant zu schleppen sich lieber in Hütten und Dörfer versorgen sollte. Selbst auf den markierten Wegen, die in den Picos von Hütte zu Hütte führen, muss man sich gelegentlich an eine Felswand klammern oder eine Steinwildnis voll tiefer Spalten und Felsbrocken durchqueren. Die schmalen Pfade, die die Wanderer über kleine Felsgesimse geleiten, können mit einem Mal verschwinden und nur noch durch Drahtseile erkennbar sein. Und dann plötzlich findet man sich auf einer Vergissmeinnichtwiese in der Mitte einer Felsspalte wieder.

Zwischen den Felswänden und Bergspitzen, hoch über den Schluchten, liegt ein hochinteressantes Gelände. Aufgrund seiner porösen Struktur speichert Kalkgestein kein Wasser. In den Senken bilden sich darum keine Seen, vielmehr sammelt sich dort Kalkschutt und halten sich bis weit in den Sommer hinein beharrlich Schneeflecken. Der felsige Untergrund ist äußerst uneben, mit Spalten übersät, die in unbekannte Tiefen führen – und mit den gelben Wegmarkierungen. Obwohl die Landschaft vor allem eine starre anorganische Welt ist, sprießen aus Ritzen gelegentlich auch Mimosen oder Enzian, entdeckt man in abgelegenen Hochregionen *rebecos* (eine spanische Gämsenart) oder ein Lämmergeier kreist geduldig am Himmel und wartet auf Beute. Bei Dunst oder Nebel sind die Picos eine große Herausforderung: Die Pfade sind nicht mehr sichtbar, anhand der Höhenlinien auf einer Karte ist häufig nicht zwischen Kuppen und Senken zu unterscheiden, und was wie ebenes Gelände aussieht, entpuppt sich als Labyrinth kleiner Felsspitzen. Bei gutem Wetter sorgt dagegen nur das Kalkgestein für Probleme, es zerschneidet Stiefel, zerkratzt Fingerspitzen und lässt die Beine müde werden.

Bergwandereer entscheiden sich für die Picos, weil diese nicht auf den Tourismus ausgerichtet sind. Man muss sich darauf einstellen, dass die Geschäfte während der Siesta, also den ganzen Nachmittag über, geschlossen sind. Die Küche ist einfach – Brot und Käse –, dafür die regionale Spezialität *cabrales*, Ziegenkäse, ein Highlight wie die Felsspitzen, die über den Orten thronen. Die gelben Wegmarkierungen sind mitunter stark verblasst, die Drahtseilsicherungen nicht immer allzu fest. Die Picos de Europa gehören also keinesfalls zu den harmlosen Touren dieses Kontinents.

Den Ausgangspunkt Arenas de Cabrales erreicht man vom Fährhafen Santander aus über die Küstenstraße leicht mit dem Bus. In Arenas gibt es *pensiones*, einen Campingplatz und gute Geschäfte – die letzte Gelegenheit, Gaskartuschen für den Kocher zu kaufen. Die erste Tagestour über die Sierra de Portudera zum Dorf Sotres ist keine bergsteigerische Herausforderung, aber doch anstrengend. Um der Hitze zu entgehen, muss man früh starten. Ein Weg mit Kopfsteinpflaster (vermeintlich römisch) steigt 1000 m durch schöne Kastanienwälder und freie Flächen mit Felsen und Wiesen an. Markierungen gibt es kaum, aber falsche Routen erkennt man gleich an Geröll und Dornenbüschen. Am Collado-Posadoiro-Pass erscheinen ganz unvermittelt die scharfen Felszacken der Picos de Europa über der tiefgrünen Senke des Río Duje.

LINKS OBEN *Die Berghütten in den Picos sind günstig, einfach und bieten eine freundliche und familiäre Atmosphäre. Hier das Refugio am Collado Pandebano.*
LINKS *Die Wildheit des abgelegenen, felsigen Terrains macht deutlich, warum Bulnes eines der letzten europäischen Dörfer ohne Straßenverbindung ist.*

GANZ OBEN *Einfache, rustikale Häuser wie im kleinen Dorf Tielve, das man am ersten Tag passiert, sind typisch für die Picos de Europa.*
OBEN *Die außergewöhnliche Verónica-Hütte. Der Torre de los Horcados Rojos im Hintergrund ist leichter zu besteigen, als man aus der Ferne glauben könnte.*

Alte Häuschen mit roten Ziegeldächern säumen die unbefestigten Straßen im kleinen Dorf Tielve. Eine Straße führt das Tal nach Sotres hinauf, interessanter ist jedoch ein alter Saumpfad links oberhalb des Dorfes. Die erste Tagesetappe kann man aber auch mit Bus oder Taxi zurücklegen.

Am zweiten Tag folgt ein Rundweg auf dem östlichen Massiv – den schweren Rucksack lässt man lieber in der Pension. Zuerst geht es durch verlassene Bleiminen zum Collado Valdominguero hinauf und dann folgt eine herrliche Tour über einen felsigen Kamm mit steilen Abhängen, aber ohne nennenswerte Schwierigkeiten. Robin Walker beschreibt in seinem Führer eine Klettertour hinab zum Bergsattel vor dem Pico del Jierru, es gibt allerdings einen leichteren Abstieg etwas links vom Kamm. Der Rundweg führt weiter über nackte Felsplatten, die sich in der Sonne kräftig aufheizen, und einen scharfen Bergkamm entlang. Rechts geht es 1800 m steil hinab in das bläulich dunstige Valdebano. Der letzte Gipfel ist der Pico del Sagrado Corazón (San Carlos), wo in einem Steinhügel eine Jesusstatue steht.

Der dritte Tag ist technisch gesehen der schwierigste. Man folgt talaufwärts dem Río Duje, vorbei an Vegas Sotres und steigt den Canal del Vidrio hinauf. In dieser Rinne befindet sich eine Felsplatte, die nur leicht ansteigt, doch ist sie ausgesetzt und von losem Geröll überzogen. Aber der mühevolle Aufstieg lohnt sich, denn schließlich erreicht man einen 10 m breiten Pass zwischen zwei Felsnadeln mit dem passenden Namen Collada Bonita: »hübscher kleiner Pass«. Danach geht es wieder bergab in eine Rinne aus Geröll und Felsbrocken und am Fuß des spektakulären Naranjo de Bulnes entlang bis zur Urriellu-Hütte, wo man genüsslich und günstig Suppe und Würstchen essen kann.

Hinter der Hütte liegt ein Gipfel, der wie ein 500 m hoher Grabstein wirkt. Doch er bietet eine unproblematische Klettertour auf einem von der Sonne erwärmten Kamm, während sich nur wenige Schritte nach rechts ein von Hitze erfülltes Tal in erschreckender Tiefe auftut. Eine einfache Alternativroute verbindet Sotres mit Urriellu über den Nordhang des Collado Pandebano.

Am vierten Tag geht es auf der normalen Route nach Süden durch zwei eindrucksvolle Kalksteinsenken – Jou Sin Tierre und Jou de los Boches. Eine leichte Kletterpartie mit Drahtseilsicherung führt zum Pass Horcados Rojos. Hier kann man die Rucksäcke stehen lassen und einen ungefährlichen, aber »luftigen« Aufstieg zum Torre de los Horcados Rojos wagen.

Die unverwechselbare Verónica-Hütte besteht aus dem Gefechtsturm eines Flugzeugträgers aus dem Zweiten Weltkrieg, der von einem Helikopter hierher geflogen wurde. In der Hütte gibt es Erfrischungen und Übernachtungsmöglichkeiten für drei Personen. Doch: Ein besseres Nachtlager steht in Aussicht. Zuerst geht es einen steinigen Saumpfad entlang, auf dem Sie allenfalls einer Kuh ausweichen müssen. Dann bietet sich die Möglichkeit eines einfachen Abstechers zum Pico de la Padierna – aber mit der unausweichlichen, 300 m tief abfallenden Felswand auf der einen Seite. Der Hauptweg quert ein steiniges Plateau und führt plötzlich über die Kante hinab, wo ein Pfad auf einem Gesims auf halber Höhe über dem Abgrund verläuft. Er endet an der Hütte (Refugio) Collado Jermoso auf einer Wiese über der Cares-Schlucht.

LINKS *Der Pfad über der Cares-Schlucht ist spektakulär, aber breit und eben: Er gilt als »leichter« Abschnitt dieser Tour.*

RECHTS *Die Jermoso-Hütte auf einer kleinen Wiese hoch über der Cares-Schlucht, links der Torre del Friero.*

LAGE Parque Nacional Picos de Europa, in der Cordillera Cantábrica, Nordwestspanien.
BESTE ZEIT Am schönsten sind Juni und September. Juli und August sind heißer, es gibt viele Touristen und am Nachmittag häufiger Gewitter. Schneefälle von Oktober bis Mai (manchmal auch Juni).
STARTPUNKT Arenas de Cabrales. Busse nach Llanes zu Zügen u. Bussen aus/nach Santander, Bilbao.
ENDPUNKT Covadonga. Busse nach Arriondas mit Anschlüssen dort per Bahn und Bus.
DAUER 7 Tage.
HÖCHSTER PUNKT Horcados-Rojos-Pass (2344 m); Torre de los Horcados Rojos (2506 m).
TECHNISCHE ANFORDERUNGEN Schwieriger Trek mit einigen Kletterpassagen, Auf-/Abstiegen über 1200 m; die Route ist mitunter schwer auszumachen.
AUSRÜSTUNG Leichte Bergstiefel aus Leder (Kalkstein zerstört Kunststoff); warme Kleidungsstücke und leichter Regenschutz; Zelt, Schlafsack und Isomatte (nicht bei Hüttenreservierungen); Wasserflasche (2 l), Verpflegung für den Tag (in den Hütten bekommt man einfaches Abendessen und Frühstück).
CHARAKTER Hüttentour. Die Urriellu-Hütte ist recht beliebt und das Refugio Jermoso klein. Die Hütten können über die Touristeninformation in Potes reserviert werden; als Alternative leichtes Zelt oder Biwaksack mitnehmen und bei schlechtem Wetter auf einen freien Hüttenplatz hoffen.
KARTEN 1:25 000 von Adrados Ediciones.
GENEHMIGUNGEN/BESCHRÄNKUNGEN Keine. Camping mit leichtem Zelt oder Biwaksack ist in der Nähe von Hütten und oberhalb 1600 m erlaubt, Campingplätze bei Cain und am Lago Enol. Im Nationalpark ist Campen verboten.

INFORMATIONEN Websites: www.tourspain.es
www.picoseuropa.net
www.liebanaypicosdeeuropa.com
www.alsa.es (Busreisen an der Küste)
Touristeninformation Potes,
Fax +34-942 73 07 87.
Informationszentrum Nationalpark,
Tel. +34-985 84 91 54.
Touristeninformation Arenas/Cangas,
Tel. +34-985 84 64 84 oder 985 84 80 05.

Der Abstieg über 1200 Höhenmeter nach Cordinanes am nächsten Tag dauert weit länger als erwartet. Dennoch erreicht man Cain früh genug, um einen Umweg über die Cares-Schlucht unternehmen zu können. Dies ist der einzige Teil der Tour, den man als Spaziergang bezeichnen könnte, nämlich über einen breiten Pfad durch Tunnel, die aus der Felswand geschnitten wurden (die Picos werden von Norden nach Süden durch die Schlucht geteilt). Es gibt aber auch 100 m tiefe Steilabfälle ohne Geländer und Brücken, vor denen selbst die Einheimischen Respekt haben. Bis zum Ende der Schlucht zu gehen ist zu weit, da sie bis an die Südseite des Gebirges reicht. Nach Cain zurückgekehrt findet man *pensiones*, einen Campingplatz und Geschäfte.

Am fünften Tag sollte man fit sein für die 1500 m Aufstieg im westlichen Massiv. In Serpentinen quert der Weg steile Wiesen und zwängt sich zwischen Felsen durch ein schmales Portal mit Namen El Boquete. Danach wird man vom Jou Santu, der größten Kalksteinsenke, verschlungen. Am Fuß der hohen Gipfel der Picos wandert man bis zur Vegarredonda-Hütte.

Den letzten Morgen sollte man entsprechend der Energiereserven planen. Zwei Stunden entfernt liegt im Südosten El Requexón (2174 m) mit einem weiten Gipfelpanorama – eine kurze, aber ausgesetzte Klettertour. Man kann alternativ zum Mirador (»Aussichtspunkt«) de Ordiales laufen, wo der Blick weniger spektakulär ist, aber dafür muss man nicht kraxeln.

Die Tour endet mit einer Wanderung hinab zu Lago Enol und Lago Ercina, über die Almen von Vega las Traviesas und schließlich durch den Wald nach Covadonga, einem Nationalheiligtum Spaniens. Hier gibt es eine Kathedrale, einen Wasserfall in einer Höhle und eine Kapelle auf einem überhängenden Felsen – ein ebenso erstaunlicher Ort wie die gesamten Picos de Europa.

LINKS *In Kalksteingebieten gibt es wenig Wasser. Umso überraschter sind die Bergwanderer, wenn sie am letzten Tag auf den Lago Ercina treffen.*
OBEN *Endpunkt der Tour ist Covadonga, dessen Kapelle genau dort in die Felsen gebaut wurde, wo ein Mädchen aus der Gegend eine Marienerscheinung hatte.*

DAS NÖRDLICHE PINDOS-GEBIRGE

Auf alten Maultierpfaden

Der gebirgige Nordwesten Griechenlands

JUDY ARMSTRONG

Das Pindos-Gebirge bildet den zentralen Gebirgskamm des griechischen Festlands und erstreckt sich vom Berg Grammos an der nordwestlichen Grenze zu Albanien bis zum Golf von Korinth. Aus der Luft sieht diese Berglandschaft wie ein zerknittertes Tischtuch aus, gesprenkelt mit Dörfern, Wäldern, Kalksteintürmen, tiefen Schluchten und einigen der höchsten Gipfel Griechenlands. Als es hier noch keine Straßen gab, waren die Berge derart abgeschieden, dass sogar die osmanischen Steuerbeamten die Region mieden!

Innerhalb des riesigen Pindos-Gebiets gilt der Norden als bestes Trekking-Areal: Im Bezirk Zagoria sind die Routen, einschließlich einiger internationaler Fernwege, gut markiert. Zagoria (der Name bedeutet »Ort hinter den Bergen«) ist seit dem 9. Jahrhundert v. Chr. besiedelt. Aufgrund seiner frühen Isolation erlangte es Reichtum und Autonomie – ein Zustand, der bis zum 20. Jahrhundert Bestand hatte, als Kriege und wirtschaftlich bedingte Migration den Niedergang vieler Dörfer zur Folge hatten. Heute unterstützt ein sanfter Ökotourismus die Wiederbelebung vieler Dörfer, doch ist das Gebiet immer noch sehr einsam und unberührt. Im Jahr 1990 wurde der Vikos-Nationalpark im Pindos-Gebirge gegründet. Dort leben Bären, Wildschweine, Luchse und Wölfe, die man jedoch nur selten zu sehen bekommt.

Eine sechstägige Tour führt durch die schönsten Gebiete des nördlichen Pindos, einschließlich einer überwältigenden Wanderung in eine der tiefsten Schluchten der Welt und auf ein Hochplateau. Zwei Bevölkerungsgruppen, die Vlachen und die Sarakatsanen, weiden auf den Bergwiesen des Pindos traditionell ihre Schafe, die von großen Hunden um jeden Preis beschützt werden.

Die Tour kann auf vier Tage verkürzt werden, wenn man auf die Besteigung von Gamila und Astraka verzichtet sowie die Wanderung zum historischen Dorf Vradheto streicht. Die einzelnen Tagestouren sind kurz, es bleibt ausreichend Zeit, die Aussicht zu genießen und sich im Schatten auszuruhen. Außerdem hat man die Möglichkeit, zusätzliche Touren zu unternehmen und die Dorf-Tavernen auszuprobieren. In jedem Dorf gibt es ein oder zwei Gästehäuser, die mit hervorragender Küche und herzlicher Gastfreundschaft die Wanderer verwöhnen.

Der beste Ausgangspunkt für die Tour ist das zeitlose Dorf Vista oder auch die Nachbargemeinde Monodendri. Wie die meisten Siedlungen der Zagoria wurden auch diese beiden aus dem Naturstein der Gegend gebaut: Der weichere weiße Stein stammt aus Steinbrüchen, der härtere schwarze aus den Flüssen.

In Monodendri, an der äußersten Spitze der Vikos-Schlucht gelegen, befinden sich das unbewohnte Kloster von Ayias Paraskevis sowie geheime Höhlen, in denen Eremiten und verfolgte Christen vor vielen Jahrhunderten im Verborgenen lebten. Heute bietet es Ruhe und einen weiten Blick in die Schlucht.

Beim Abstieg in die Vikos-Schlucht passiert man ein Schild, das – entsprechend dem Guinness-Buch der Rekorde – Trekker über die Größe dieser »tiefsten Schlucht der Welt« informiert. Doch wurden die Angaben verdreht: Die Tiefe beträgt nämlich 1650 m und ihre Breite 980 m! Der Pfad zur und durch die Schlucht wurde 1998 wesentlich verbessert, sodass man sich nicht verlaufen kann. Die Wanderung ist ein echtes Vergnügen: durch Ahorn- und Walnusswälder und über riesige Felsbrocken im teilweise ausgetrockneten Flussbett des Voidhomatis. Hier duften Wildblumen, Zikaden zirpen und Schildkröten spazieren langsam über den Weg. Nach jeder Biegung verändert sich der Ausblick aufs Neue, doch stets ragen hohe Felsen in den Himmel.

Auf dem Weg zum Dorf Vikos (auf manchen Karten auch Vitsiko) steigt man geruhsam Schritt um Schritt die langen Serpentinen des alten *kalderimi*, eines gepflasterten Saumpfads, die Schlucht hinauf. Einst waren diese bemerkenswerten Wege das Reich der Maultiere und ihrer Treiber, heute werden sie mithilfe von EU-Geldern erhalten. Vikos liegt auf einem Bergsattel, der von

LINKS OBEN *Die dramatischen Steinbrücken, die im Kalksteingebiet von Zagoria über Flüsse und Schluchten führen, stammen aus dem 18./19. Jahrhundert.*
LINKS *Blick vom Aussichtspunkt Beloi nach Norden in die Vikos-Schlucht, die der Voidhomatis gegraben hat. Sie gilt als die tiefste Schlucht der Welt.*

GANZ OBEN *Trotz der trockenen Sommer herrscht im Pindos-Gebirge an Wasser kein Mangel. Über idyllische Kaskaden stürzen Quellbäche in die Schluchten.*
OBEN *Gut markierte Pfade erschließen auch die atemberaubende Landschaft der Vikos-Schlucht (Weg Nr. 3).*

einer kühlen Brise umweht wird und zu allen Seiten ein faszinierendes Panorama bietet. Und wer vor der Pension Vikos bei gebackenem Feta und Fleischbällchen den Sonnenuntergang beobachtet, fühlt sich wie im Paradies.

Der zweite Tag beginnt auf den engen Schlängelpassagen eines *kalderimi* zum Dorf Mikro Papingo und zurück zum Fluss. Eine weiße Kapelle liegt am Weg kurz vor der Voidhomatis-Quelle. Von hier aus benötigt das eiskalte Wasser etwa eine Woche für seinen 1300 m langen Weg durch die Felsspalten in die Tiefe.

Hat man den Fluss überquert, geht es etwa zwei Stunden lang nach Mikro Papingo hinauf, unterwegs überraschen sowohl weite Panoramen als auch Höhleneingänge. In der Nähe des Dorfes konzentriert sich alle Aufmerksamkeit auf die Pirgi (Papingo-Türme), die sich wie Riesen über den Pfad erheben. Mikro (»klein«) Papingo und sein Nachbarort Megalo (»groß«) Papingo besitzen, wie die meisten Dörfer dieses Gebiets, den Status geschützter traditioneller Gemeinden. Dies ist eine Art Denkmalschutz für ihre ursprüngliche Architektur, und in Mikro Papingo mit seinen engen, gepflasterten Straßen, dicht an dicht stehenden Steinhäusern und den mit Steinplatten gedeckten Dächern war er auf alle Fälle erfolgreich. Der Weg nach Megalo führt über eine alte Steinbrücke: der architektonische Glanzpunkt in der Kalksteinschlucht. Zudem kann man in den tiefen, natürlichen Becken des Flusses schwimmen. In der komfortablen Pension Dias genießt man eingelegte Oliven und Wein aus der Region, während die Ziegen für die Nacht zurück ins Dorf getrieben werden.

Am dritten Tag erreicht man von Mikro Papingo bergwärts bald die Baumgrenze. Die Schroffen des Astraka, in dessen Rinnen der Schnee bis Juni liegen bleibt, beherrschen das Panorama. Drei bis vier Stunden dauert der Aufstieg zum weißen Astraka Col (Schutzhaus) nahe einem Pass auf 1950 m. Es gehört dem Hellenic Alpine Club, aber so bescheiden die Unterkunft, so großartig ist die Lage. Von der Terrasse verläuft ein Pfad einen Felshang hinab, vorbei an einem Teich und Hütten, die im Sommer von Schäfern genutzt werden, quert er eine Bergwiese und steigt zum Dhrakolimni an, dem »Drachensee«. Die Legende erzählt von der unendlichen Tiefe des Sees, wo sein Beschützer, ein Drache, haust. Und rund um den seidenglatten Spiegel der Berge blüht leuchtend blauer Enzian.

Am nächsten Tag stehen reichlich Höhenmeter auf dem Programm – Aufstiege zum Gamila I (2497 m) und zum Astraka (2436 m). Die kürzeste Rou-

GANZ OBEN *Eine wilde Iris in der Megas-Lakkos-Schlucht, die in die südliche Vikos-Schlucht mündet. Hier haben auch Adler noch adäquaten Lebensraum.*

OBEN *Mit Seen, die nach Drachen benannt sind, verbindet sich immer eine Legende – auch der legendär tiefe Dhrakolimni bildet da keine Ausnahme.*

te auf den Gamila folgt einem schmalen Pfad über ein Kalksteinplateau am Fuß der Astraka-Klippen. Links sieht man die Berge Ploskos (2377 m), Gamila I und II. An einem einzelnen Baum muss man links in ein flaches Tal zum Gamila I abbiegen. Der gleichmäßige Aufstieg über seine breite Flanke führt auf den flachen Gipfel, von dem man über das Flusstal des Aóos hinweg zum Smolikas (2637 m) schauen kann, dem zweithöchsten Berg Griechenlands.

Für den Aufstieg zum Astraka (2436 m) muss man von den Hütten ein Stück in Richtung Papingo zurückgehen, sich dann links halten und auf Serpentinen den Markierungen zum Gipfel folgen. Die Wildnis dieser entlegenen, von der Zeit unberührten Berglandschaft scheint grenzenlos.

Am fünften Tag startet man in Astraka Col, passiert den Gamila sowie einige kleine Seen und wandert über Bergwiesen und zwischen Kalksteinfelsen bergab. Bald überblickt man den oberen Teil der Schlucht Megas Lakkos, ehe der Pfad in sie hineinführt und auf der linken Flanke unter steilen Felsen wieder ansteigt. Von den Markierungen geleitet verlässt man die Felsenenge. Es geht über grasbewachsene Hügel und durch Flussbetten und schließlich über eine Wiese hinab zum Dorf Tsepelovo. Diese steinerne Enklave am Rand der Berge versinkt im Winter im Schnee, im Sommer aber bietet sie Kühle. Auf dem Dorfplatz spielen Männer Tavli (Backgammon), während die Frauen zu Hause sind. Die freundliche Pension Alexis Gouris mit hübschen Balkonen und einem Innenhof ist ein Treffpunkt der Reisenden.

In Tsepelovo beginnt auch die letzte Tagesrundtour nach Vradheto. Ein *kalderimi* in schlechtem Zustand windet sich eine steile Schlucht hinauf. Dies ist die alte Route nach Vradheto, das bis vor kurzem nur zu Fuß erreichbar war. Doch plötzlich steht man auf einer neuen Straße – die letzten 4 km der alten Strecke wurden geschlossen. Zum Glück verlässt ein Pfad die Straße in Richtung des Aussichtspunkts Beloi. Monodendri im Rücken, blickt man über die Vikos-Schlucht in ihrer ganzen Länge, sogar die grauen Häuser von Vikos zeichnen sich in der Ferne ab. Vor allem macht der großartige Blick noch einmal die Route in ihrem landschaftlichen Zusammenhang begreifbar. Vradheto ist eine halbe Stunde entfernt, ein winziges Dorf mit einer Taverne. Ein *kalderimi* erlangte hier Berühmtheit: die Vradheto-Treppe. Wunderschön schlängelt sie sich zwischen Felsenpalisaden zu einer der typischen Brücken hinab – noch einmal alte Baukunst kurz vor der modernen Straße nach Tsepelovo.

OBEN *Die massigen Felsstöcke der Papingo-Türme, auch Pirgi von Astraka genannt, sind die fantastische Kulisse des Dorfes Mikro Papingo.*

OBEN *Bis vor kuzem war die Vradheto-Treppe, ein alter »kalderimi«, der einzige Weg zum Dorf Vradheto.*
RECHTS *Das eisige Wasser aus dem Voidhomatis-Quellbecken benötigt etwa eine Woche, um über 1300 m durch die Felsen in die Tiefe zu sickern.*

LAGE Nordwesten des griechischen Festlands, nahe der albanischen Grenze.

ANREISE Internationale Flüge zum Flughafen Preveza (etwa 2,5 Autostunden vom Dorf Vitsa entfernt); man kann auch nach Korfu fliegen und die Fähre nach Igoumenitsa nehmen. Es bestehen Busverbindungen von Preveza und Igoumenitsa nach Ioannina, der Hauptstadt der Region mit eigenem Flughafen. Von hier verkehren Busse in die Dörfer der Zagoria.

BESTE ZEIT Mai und Juni (Blütezeit der Wildblumen), September und Oktober. In den Bergregionen liegt im Winter Schnee.

STARTPUNKT Vitsa oder Monodendri (Nachbardörfer), nördliches Pindos-Gebirge.

ENDPUNKT Tsepelovo, nördliches Pindos-Gebirge.

DAUER 4–6 Tage (60 km).

HÖCHSTER PUNKT Gamila I, einer der höchsten Berge Griechenlands (2497 m) oder Astraka (2436 m), falls der Gamila ausgelassen wird.

TECHNISCHE ANFORDERUNGEN Auf schwierige Passagen kann man in den Hochregionen, um den Gamila und ganz allgemein zu Saisonbeginn (Mai/Anfang Juni) treffen. Im Winter sind die Berge nur mit Skiern oder Schneeschuhen passierbar. Obwohl das Pindos-Gebirge dicht an der albanischen Grenze liegt, wird der Tourismus dadurch nicht beeinträchtigt, außer dass es keine genauen (militärischen) Karten gibt.

AUSRÜSTUNG Trekkingstiefel, Rucksack, geeignete Kleidung für die großen Temperaturunterschiede (in der Schlucht kann es sehr heiß sein und am Astraka schneien). Für die steilen Abstiege sind Wanderstöcke empfehlenswert. Wildes Campen ist verboten, dafür bekommt man in den Pensionen einen guten Eindruck vom griechischen Leben.

CHARAKTER Rucksacktour auf einer gut markierten Route mit der Möglichkeit, zwei Berge zu besteigen. Rote Wegmarkierungen für den Nationalpfad 03 finden sich auf Felsen und an Bäumen, zum Ende der Route sind sie blau und gelb. Für diese Tour durch die Wildnis muss man relativ fit sein. Es gibt zahlreiche Auf- und Abstiege, aber in moderatem Maß, sodass der Spaß nicht verloren geht. Die Pensionen in den abgelegenen Dörfern und die Berghütte Astraka Col bieten bequeme Unterkunft und hervorragendes Essen. Außerdem geführte Touren mit Gepäcktransfer

KARTEN Der Hellenic Alpine Club gibt Karten mit 200-Meter-Höhenlinien (auf der Basis von Militärkarten), 1:50 000, heraus; Blätter 55–60.

GENEHMIGUNGEN/BESCHRÄNKUNGEN Keine.

INFORMATIONEN Griechische Zentrale für Fremdenverkehr, Neue Mainzer Straße 22, 60311 Frankfurt/Main. Tel. +49-69-23 65 61; Website: www.griechenlandinformation.de; Büros auch in Berlin, Hamburg, München, Wien und Zürich.

Veranstalter von Wanderreisen, die umfangreich im Internet informieren, bieten die Pindos-Touren meist in Verbindung mit einem Besuch der Meteora-Klöster oder einem Korfu-Aufenthalt an.

ÜBER DEN RÜCKEN KRETAS

Ein selten begangener Weg

Östliche Mittelmeerregion, Griechische Inseln

CHRISTOPHER SOMERVILLE

Heute kann ich nur noch schwer beurteilen, was mich damals mehr quälte, als ich an einem Ostermontag in der Dämmerung am steinigen Strand von Káto Zákros stand. Den Kater verdankte ich den Osterfeierlichkeiten, die hier auf Kreta immer besonders ausgelassen sind und an denen ich seit meiner Ankunft vor einer Woche begeistert teilgenommen hatte. Meine Besorgnis hatte jedoch einen anderen Grund. Ich stand kurz vor der bedeutendsten Herausforderung meiner Wanderkarriere: Ich wollte über die gesamte Länge der größten und bergigsten Mittelmeerinsel wandern, und zwar auf dem Europaweg E4, der in Portugal beginnt und mehrere mittel- und osteuropäische Länder durchquert. (Insgesamt gibt es zwölf große Europawege, die den ganzen Kontinent wie ein Netzwerk überziehen.) Der E4 wird selten begangen. Nach dem, was ich gehört hatte, war nicht auszuschließen, dass er hier schon gar nicht mehr existierte. Die wenigen, die ihn kannten, erzählten etwas von schlechten Markierungen, schlechten Karten und langen »unklaren« Strecken in einigen der schwierigsten Berge und Schluchten Europas.

Ich sah mich an jenem Morgen aber noch mit anderen Problemen konfrontiert. Die fragliche Route von 400 bis 480 km führte nicht durch Kretas touristenfreundliche Küstengebiete, sondern über mächtige Gebirgszüge: Thripti (1476 m), Dhikti (2148 m), Psiloritis (2456 m) und Lefká Óri (2453 m), die sozusagen das Rückgrat dieser Insel bilden. In solch abgeschiedener Berglandschaft, wo die Menschen ihren eigenen Dialekt sprechen, erschienen mir meine geringen Griechischkenntnisse als zusätzliches Handicap.

Ich hatte bereits entdeckt, dass es keine Wanderführer über den E4 gab. Meine mageren Strecken-Kenntnisse stammten von Mitgliedern des Griechischen Bergsteigervereins in Iráklion – begeisterten und hilfsbereiten Bergspezialisten, die mir jedoch nicht gerade Mut machten. Die einzige verfügbare Karte hatte einen viel zu kleinen Maßstab (1:100 000), um genügend Details erkennen zu lassen. Es waren nur einige Dörfer und Weiler am E4 eingezeichnet, einer dünnen roten Linie, die sich von einem Ende Kretas bis zum anderen schlängelte. Im Hochgebirge zeigten sich jedoch leere Flecken mit vereinzelten Schäferhütten. In einem Bett würde ich also nur mit großem Glück übernachten können – ansonsten im Schlafsack.

In den ersten fünf Tagen meiner Wanderung in Richtung Westen legte ich 110 km zurück und überschritt Thripti, das erste und niedrigste der vier Bergmassive. Die Nächte verbrachte ich in einer spartanischen und einer ausgezeichneten Pension, einem kleinen Hotel, einem Privatzimmer, wo die ganze Nacht über die Ratten im Wassertank tanzten, und in meinem Schlafsack auf der Veranda eines freundlichen Tavernenbesitzers – dies als durchaus repräsentative Auswahl. In dem großen Bergdorf Kritsá wohnte ich ein paar Tage bei kretischen Freunden, um elf stattliche Blasen zu pflegen. Kretas felsige Bergpfade haben kein Mitleid mit empfindlichen Füßen, doch nach einigen Wochen hatte ich eine dicke Hornhaut, unempfindlich gegen fast alles.

Meine Griechischkenntnisse verbesserten sich durch den Zwang der Verhältnisse ganz rapide, sodass sich mein zögerliches »Guten Morgen« und »Dankeschön« bald zu ganzen Sätzen entwickelte. Nachdem ich die noch frostkalte Lassithi-Ebene in Gesellschaft des jungen kretischen Bergsteigers Pantelis Kampaxis durchquert hatte und von den Dhikti-Bergen in die hügelige Oliven- und Weinbauregion hinter Iráklion hinabgestiegen war, konnte ich bereits nach dem Weg fragen und sogar die Antwort verstehen.

Zu diesem Zeitpunkt hatte ich auch damit aufgehört, mir über den richtigen Weg und Unterkünfte für die Nacht Gedanken zu machen – meine ursprünglich größten Sorgen. Die Kreter, die ich in den Bergdörfern, den Weinbergen und Olivenhainen traf, waren unendlich hilfsbereit und gastfreundlich. *Philoxenia* nannten sie es, die »Liebe zu Fremden«, und ich erfuhr sie in Form eines Glases kühlen Quellwassers, einer auf der Straße angebotenen Orange,

LINKS OBEN *Esel bringen Besucher auf den Psiloritis, wo man eine Höhle besichtigen kann, die nach der Legende der Geburtsort des Gottes Zeus war.*
LINKS *Die Samariá-Schlucht, 1800 m tief und 13 km lang, ist nur eine von einem Dutzend Schluchten in den Lefká Óri, den »Weißen Bergen«.*

GANZ OBEN *An der Küste von Sfakia liegen die weißen Häuser von Loutró unmittelbar am Wasser. Bizarr wirkt die Kulisse der hohen Bergwände.*
OBEN *Die Segel der Windpumpen, wie hier in der Lassithi-Hochebene, waren auf Kreta keine Seltenheit, ehe Strom und Diesel die Windenergie ersetzten.*

LAGE Kreta, östliches Mittelmeer, Griechenland.
BESTE ZEIT Von April bis Mai gibt es die schönsten Blumen, die schönsten Feiern (griech.-orthodoxes Osterfest, 1. Mai) und gutes Wetter (nicht zu heiß). Der Weg durch die Lefká Óri kann bis Juni verschneit sein und man muss dann die Küstenroute nehmen.
STARTPUNKT Káto Zákros (im Osten Kretas).
ENDPUNKT Chrissoskalitissas (im Westen Kretas).
DAUER Etwa 1 Monat (400–480 km).
HÖCHSTER PUNKT Psiloritis (2456 m).
TECHNISCHE ANFORDERUNGEN Die Route ist mit gelben und schwarzen Markierungsschildern versehen, doch viele wurden entfernt oder sind unkenntlich, andere wurden irreführend platziert. Um entfernte Markierungen auszumachen, braucht man unbedingt ein Fernglas. In den heißen Sommern sollte man stets ausreichend Trinkwasser dabei haben. Die drei schwierigsten Strecken, für die einzelne Wanderer (mit Ausnahme sehr erfahrener Alpinisten) Begleitung oder einen Führer benötigen, sind die Katharo-Ebene bis Lassithi und die Etappe weiter bis Kastamonitsa, ferner die Überquerung des Psiloritis sowie der »Weißen Berge«.
AUSRÜSTUNG Feste Bergstiefel (schlechtes Schuhwerk hält dem kretischen Terrain nicht Stand), Schlafsack. Nützlich sind auch ein Griechisch-Sprachführer, ein leichtes Fernglas, Badewannenstöpsel (fehlt meist in Herbergen), Seife, Waschmittel, Wäscheklammern.
CHARAKTER Selbst organisierte Rucksacktour; Selbstversorgung für die Übernachtungen zwischen den Dörfern, wo man keine Unterkunft findet. In den größeren Orten und Dörfern Hotels und Privatzimmer. In kleineren Orten kann man es beim Besitzer der Taverne oder des *kafenion* (Café), beim *papás* (Dorfgeistlichen), *tháskalo* (Schullehrer) oder Bürgermeister versuchen – irgendwo kann man immer seinen Schlafsack ausrollen. Die Einheimischen sind sehr gastfreundlich, man bekommt auch meist eine Mahlzeit. Die Tour ist ein echter Abenteuer-Trek, denn es gibt weder Karten noch Wanderführer.
GENEHMIGUNGEN/BESCHRÄNKUNGEN Keine.
KARTEN Die besten Karten von Kreta (Westen; Osten; 1:100 000) mit eingezeichnetem Europa-Fernwanderweg E4 gibt der Harms-IC-Verlag heraus. Außerdem bekommt man in kretischen Buchläden oder per Post von Planet International Bookstore (Odos Chandakos, Iráklion) die *Crete Trekking and Road Map;* 4 Teile, von Giorgis Petrakis.

INFORMATIONEN Griech. Bergsteigerverein (EOS), Odos Dikeosinis 53, Iráklion 71201; Tel. 227609 (Mo–Fr 20.30–22.30 Uhr); Mitglieder zeichnen auf Landkarten Routen ein, geben Ratschläge und organisieren Führer. www.explorecrete.com/hiking.html

einer freundlich in Richtung des Weges weisenden Hand, einer Schale gedämpfter Schnecken mit Kräutern oder eines großzügig angebotenen Betts für die Nacht, das man nicht ablehnen durfte.

In der Gesellschaft von Pantelis Kampaxis bestieg ich auch den Psiloritis, den mit über 2450 m höchsten Gipfel Kretas. Als ich diesen Berg in der Nacht zuvor aus der Nídha-Ebene betrachtet hatte, während der Schnee auf seinem majestätischen Rücken glitzerte und der Wind über ihn hinwegpfiff, war mir das Herz tief in die Hose gerutscht. Doch Pantelis gehört zu der Sorte Menschen, die solch einen Berg mit Nonchalance besteigen, um sich dann bei einem 45-Kilometer-Lauf ein bisschen auszutoben …

Um die Mittagszeit des nächsten Tages hatte ich mich hinter dem sehnigen, schlank gebauten Pantelis durch die Schneefelder gekämpft und kauerte nun in den Schneeverwehungen auf dem Gipfel, vom eiskalten Sturm gepeitscht, während sich ganz Kreta vor uns wie eine grandiose Reliefkarte ausbreitete.

Vom Psiloritis ging es ins Amari-Tal hinab, wo ich ein wenig Zeit zur Entspannung brauchte. Im verführerisch grünen Frühling von Amari wurden zwei faule Wochen daraus. Teppiche aus Wildblumen bedeckten die Hügel, Bienen summten in den Wiesen. In jedem Dorf öffneten byzantinische Kirchlein ihre Türen und ermöglichten den Blick auf 500 bis 600 Jahre alte Fresken – Meisterwerke religiöser Überzeugung, humorvolle Porträts des ländlichen Lebens.

GEGENÜBER *Das große Bergdorf Kritsá unterhalb der Dhikti-Berge ist die Heimat einiger der gastfreundlichsten und erfahrensten Bergsteiger Kretas.*
OBEN LINKS *Bergwanderer beim Abstieg über die Serpentinen eines »kalderimi«, eines gepflasterten Maultierpfads, der in die Arádena-Schlucht hinabführt.*
OBEN RECHTS *Die großartigen »Weißen Berge«, die Lefká Óri, sind auch im Sommer schneebedeckt. Zu ihren Füßen das Sfakioten-Dorf Anopolis.*

Von der Taverna Aravenes in Thrónos, hoch am Berg, hatte ich von meinem Balkon einen atemberaubenden Blick auf den Psiloritis. Ich vertrieb mir die Zeit mit Gesprächen und lernte die kretische *louto* zu spielen – ein Saiteninstrument mit großem Korpus. In jedem Land gibt es ein Zentrum traditioneller Musik, auf Kreta ist es Amari. Noch ausdrucksstärker als die *louto* ist die dreisaitige Lyra, die von Kostis, Antonis und den anderen Dorfmusikern mit mitreißender Leidenschaft gespielt wurde. An *Protomayiou*, dem ersten Mai, erlebte ich das verrückteste Fest, eine dionysische Feier unter Bäumen mit Wein und gebratenem Lamm, quietschenden Lyren, aus vollem Leibe brüllenden Sängern und in die Luft gefeuerten Pistolen.

Nachdem sich meine Füße erholt und die Wanderlust wieder eingestellt hatten, nahm ich eines Morgens endlich den Rucksack auf den Rücken und verließ Amari. Es ging nach Westen, wobei ich umsonst nach Wegmarkierungen des E4 auf nicht vorhandenen Holzpfählen suchte. Wenn der E4 mich im Stich ließ, folgte ich unbefestigten Straßen und gepflasterten Wegen und jeden Tag kam ich meinem ultimativen Hindernis ein Stückchen näher – den Lefká Óri, den »Weißen Bergen«. Die Mitglieder des Bergsteigervereins hatten an meinen Chancen so früh im Jahr gezweifelt. Brüchiger, schmelzender Schnee verdeckte Bergsenken und die meisten Wegweiser waren von missmutigen Schäfern entfernt worden. Jene Mulden vereitelten schließlich eine Überquerung.

Am westlichen Ende Kretas teilt sich der E4. Die Etappe durch niedriges Gelände war nicht weniger spektakulär als jene durch die Berge und führte mich in den letzten Maiwochen durch höchst beeindruckende Schluchten. In der für ihre Tiefe von 1800 m berühmten Samariá-Schlucht sah ich die höchsten Felswände und die meisten Menschen, doch wirklich zu schaffen machten mir die tückischen Verzweigungen und enormen Felsrutsche der Arádena-Schlucht, als ich eine steile Felswand hinabstürzte, nachdem ich mich verlaufen hatte.

In dem ruhigen Küstenort Loutró feierte ich meinen 50. Geburtstag, las noch einmal das Tagebuch, das ich geführt hatte, und konnte kaum glauben, was ich alles erlebt hatte. Nach einigen Tagen in rutschigem, aber reizvollem Küstengelände über dem türkisfarbenen Libyschen Meer erreichte ich das Ende meiner Tour. Am Pfingstsonntag, sieben Wochen nach meinem Start in Káto Zákros, betrat ich hinkend Chrissoskalitissas, das »Kloster der Goldenen Stufe«. Vater Nektarios, der einzige Mönch dort, bot mir zur Begrüßung Ouzo und süße Kekse an und führte mich zu einer Zelle, wo ich 12 Stunden schlief! Am nächsten Morgen weckte er mich mit der lauten Klosterglocke.

Nach der Legende besteht eine der Stufen, die zum Felsen von Chrissoskalitissas führt, aus purem Gold, und nur die, die reinen Herzens sind, können sie sehen. Als ich zu der Kirche mit dem blauen Dach hinaufstieg, um dafür zu danken, dass ich auf dieser bemerkenswerten Inselwanderung meine Ängste überwunden und meine Lektionen gelernt hatte, hielt ich hoffnungsvoll nach der legenären Stufe Ausschau. Doch ich sah nur das strahlende Licht der Maisonne, das wunderschön über die gesamte Treppe glitt.

LINKS *Folgt man diesem Küstenpfad in entgegengesetzter Richtung, gelangt man nach Sweetwater, einem bezaubernden Strand westlich von Chóra Sfákion.*
RECHTS *Chrissoskalitissas, das »Kloster der Goldenen Stufe«, taucht am Ende der Tour wie ein großes weißes Schiff auf den Wogen der Olivenhaine auf.*

AUSTRALIEN – NEUSEELAND

THORSBORNE TRAIL

Tropische Massive – schimmernde Gewässer

Hinchinbrook Island, Queensland, Australien

SVEN KLINGE

In Australien begeistern hunderte tropischer Inseln, doch das abgeschiedene Hinchinbrook Island ist in seiner wilden Natürlichkeit etwas Besonderes. Zusammen mit Lord Howe Island gehört es zu den schönsten Inseln der südlichen Hemisphäre. Vor der Nordostküste von Queensland, auf halbem Weg zwischen Townsville und Cairns trennt der Hinchinbrook Channel das Eiland vom großen Kontinent. Faszinierend sind seine idyllischen Strände, Süßwasserpools und die imposanten Berge. Von luftigen Aussichtspunkten an der Ostküste hat man einen wunderbaren Blick auf geschwungene Buchten, die von zerklüfteten Landzungen unterbrochen werden. 1932 wurde Hinchinbrook zum Nationalpark erklärt und ist mit seinen 39 000 Hektar heute der größte Insel-Nationalpark Australiens. Außerdem kommt ihm als Teil der Great Barrier Reef World Heritage Area zusätzlicher Schutz zu.

Der Thorsborne Trail verläuft an der Ostküste der Insel. Er wurde benannt nach dem verstorbenen Arthur Thorsborne, der sich zusammen mit seiner Frau Margaret ein Leben lang für den Erhalt der Natur einsetzte. Unter anderem stellte er wissenschaftliche Beobachtungen zur Kaiserfruchttaube an.

Für die kürzeste Tour von 32 km zwischen Ramsay Bay im Norden und George Point im Süden benötigt man mindestens vier Tage. Wanderern wird jedoch ein längerer Aufenthalt empfohlen – etwa nach einem Drittel bzw. der Hälfte der Strecke bieten sich Little Ramsay Bay oder Zoe Bay für einen Ruhetag an. Die spektakuläre Wanderung zum Mount Bowen erfordert ein oder zwei zusätzliche Tage. Den Thorsborne Trail von Süden her anzugehen ist möglich, doch wird meist die umgekehrte Richtung bevorzugt. Der Bootstransfer von George Point nach Lucinda muss vorab arrangiert werden; von dort kann man mit dem Shuttle-Bus zurück nach Port Hinchinbrook fahren. Die Orientierung auf dem Trail ist einfach: Alle paar hundert Meter finden sich orangefarbene dreieckige Markierungen. Eine größere Herausforderung ist der Hike auf den Mount Bowen, da die Route nicht gekennzeichnet ist und man einige Erfahrung benötigt. Wer den Abstecher plant, wandert am ersten Tag von Ramsay Bay nach Little Ramsay, von hier aus am zweiten Tag zum Mount Bowen, am dritten zur Zoe Bay, von dort tags darauf zu den Mulligan Falls und am fünften und letzten Tag nach George Point.

LINKS OBEN *Am südlichen Ende des Thorsborne Track auf Hinchinbrook Island wandern Trekker gelassen ihrem Ziel entgegen.*
LINKS *Ein weiches Licht zaubert die Abenddämmerung auf die schroffen Felsformationen des Mount Bowen über der Warrawilla Lagoon.*
GANZ OBEN *In den Sümpfen des Zoe Bay Reservoir gedeiht ein üppiger Dschungel mit besonderen Palmen und Farnen.*
OBEN *Boote bringen die Wanderer zum nördlichen Ende von Hinchinbrook Island, wo der weltberühmte Thorsborne Trail beginnt.*
VORHERGEHENDE SEITEN *Bergwanderer in der Liebig Range, die die Täler Murchison und Cass trennt. Rechts Aoraki/Mount Cook, links Mount Sefton.*

Die Tour beginnt mit einer faszinierenden Fahrt über den Hinchinbrook Channel und durch ein Labyrinth von Wasserarmen bis Ramsay Beach. Schon im Mangrovendickicht bieten sich vom Boot aus beeindruckende Ausblicke auf Mount Bowen und den küstennahen Nina Peak.

Zu Fuß wandert man zum Südende des Strands, wo der Trail in offenen Eukalyptuswald eintaucht und über einen Kamm Backsand Beach erreicht. Sobald die Anlegestelle außer Sichtweite ist, stellt sich zum ersten Mal das Gefühl der Abgeschiedenheit ein – im Osten der riesige Pazifik, im Westen die Silhouette des Mount Bowen in einem Himmelsmeer. Bei Blacksand Beach führt die Route ins Inselinnere und stetig bergauf zum Nina Peak (312 m). Am Grat

kann man den Rucksack ablegen und einen steilen markierten Pfad zum Gipfel wagen: ein Abstecher von etwa 1 km. Bereits beim Aufstieg genießt man einen außergewöhnlichen Blick und am höchsten Punkt vergolden die Bays des Ostens sowie der Mount Bowen das Panorama.

Übernachtet wird an diesem Tag am Nina-Bay-Strand, wo man von Januar bis August hinter der kleinen Lagune meist Süßwasser findet. Auch ein Creek am Südende der Bucht führt Süßwasser. Es gibt Lagerplätze und ein Plumpsklo – Beispiele für die Bemühungen um ein wenig Infrastruktur auf der Insel.

Der nächste Lagerplatz liegt in Little Ramsay Bay. Einige hundert Meter von der Warrawilla Lagoon entfernt fließt ein Süßwasser-Creek. Am zweiten Tag kann man hier zu einer der beliebtesten Touren starten: auf den Mount Bowen (1121 m). Es handelt sich allerdings um eine schwierige Wanderung bis zum Gipfel, für die man einen ganzen Tag – und vielleicht auch den nächsten Tag zur Erholung – einplanen sollte. Viele Wanderer empfinden den Aufstieg über 1000 Höhenmeter im tropischen Klima als lang und beschwerlich.

Um den Mount Bowen zu erklimmen, sollte man im ersten Morgenlicht starten. Zunächst geht es mehr im Creek, denn am Creek entlang aufwärts, wobei viele Felsbrocken das Fortkommen massiv erschweren. Viele von ihnen, selbst riesig große, liegen kippelig locker und man muss extrem vorsichtig sein (es haben sich schon schwere Unfälle ereignet). An »Weg«-Gabelungen gilt es, die richtigen Abzweigungen zu wählen, die durch Steinhaufen markiert sind und meist nach rechts führen. Unterwegs bildet der Fluss wundervolle natürliche Pools. Sie laden zu einem erfrischenden Bad ein – noch, denn nach drei bis vier Stunden Aufstieg, wenn das Bachbett steil ansteigt, fehlen die Becken. Bis zum Bergsattel folgt man konsequent dem Wasserlauf. Hat man unterwegs den falschen Weg eingeschlagen, muss man mittags umkehren, da man andernfalls den Lagerplatz nicht mehr bei Tageslicht erreicht.

Vom schmalen Bergrücken steigt man nach links den felsigen Kamm hinauf, auf dem ein gut auszumachender Pfad über einige felsige Buckel dem Gipfel zustrebt. Ein kleiner Steinhaufen ist das Ziel, optimaler Standpunkt für einen fantastischen 360-Grad-Blick über die dramatische Berglandschaft der Insel, einschließlich der schroffen Felsen des Thumb. Die Küste im Norden und Süden ist mit zahlreichen Inseln gesprenkelt, während im Westen die Great Dividing Range über dem Regenwald und den Zuckerrohrfeldern des Festlands thront. Der Rückweg erfolgt auf derselben Route. Am Berg bestehen nur wenige, nicht gerade ideale Lagerplätze; darum sollte man kein Gepäck für die Übernachtung mitnehmen – es erschwert nur das Gehen.

Von Little Ramsay Bay wandert man am dritten Tag nach Süden über weiße Sandstrände, dann ins Inselinnere durch offenes Waldland, kühlen dunklen Regenwald und Mangrovenzonen bis North Zoe Creek. Am Creek warnen Schilder zwar vor den *Salties* (Salzwasser-/Leistenkrokodilen), die sich hier aufhalten können, doch werden keine Ratschläge gegeben, wie man sich verhalten soll, wenn man auf sie trifft … Im Grunde kann man nur schnell weg-

LINKS *An den Hängen des Mount Diamantina hat der South Zoe Creek idyllische Becken am Fuß kleiner Felstreppen ausgeschliffen.*
OBEN RECHTS *Vom Nina Peak eröffnet sich ein grandioser Blick auf die Ostflanke des Mount Bowen, des höchsten Berges auf Hinchinbrook Island.*

LAGE Hinchinbrook Island, vor der Küste des nördlichen Queensland, Australien.

BESTE ZEIT Aufgrund des tropischen Klimas muss man die Insel in der Trockenzeit (Winter), zwischen April und September besuchen.

STARTPUNKT Ramsay Bay, Nordostküste von Hinchinbrook.

ENDPUNKT George Point, Südostküste.

DAUER 5 Tage (49 km), einschließlich der Extra-Touren. Der eigentliche Trail ist 32 km lang.

HÖCHSTER PUNKT Mount Bowen (1121 m).

TECHNISCHE ANFORDERUNGEN Schwierige Orientierung am Mount Bowen, da Markierungen fehlen.

AUSRÜSTUNG Trekking-Stiefel, Sandalen für den Strand und Flussdurchquerungen. Schlafsack, Isomatte und Zelt. Gas- oder Benzinkocher (offenes Feuer ist verboten). Rattensichere Behälter für Vorräte sind in den Camps vorhanden. Sonnen- und Insektenschutz sind unerlässlich. Große Wasserflaschen, die Süßwasserquellen liegen oft mehrere Stunden auseinander.

CHARAKTER Angenehme Tour im Küstengebiet und am Strand entlang auf gut markierten Wegen. Selbstversorgung, Übernachtung mit eigenem Zelt. Campen ist nur an ausgewiesenen Plätzen erlaubt.

KARTEN Empfehlenswert sind die topographischen Karten *AUSLIG Cardwell* 1:100 000 und *SUNMAP Hillock Point* 1:50 000.

GENEHMIGUNGEN/BESCHRÄNKUNGEN Für den Thorsborne Trail benötigt man eine Genehmigung; auf der Insel sind nur jeweils 40–45 Wanderer zugelassen (Gruppen mit max. 6 Personen). Für den Aufstieg zum Mount Bowen gelten strengere Richtlinien. Man bekommt nur schwer eine Genehmigung, da pro Monat nur jeweils zwei Gruppen Zutritt erhalten Alles im Voraus buchen, auch die Fähre von Port Hinchinbrook und ab Lucinda.

GEFAHREN In der Region um North Zoe Creek leben große Leistenkrokodile (Saltwater crocodiles, Salties)! Zwischen Oktober und Mai treten im Meer Seewespen (box jellyfish), sehr giftige Quallen, auf; man sollte dann keinesfalls ins Wasser gehen. In der tropischen Hitze besteht die Gefahr von Dehydrierung und Hitzeerschöpfung, darum viel Wasser trinken. Für die sichere Durchquerung der Flussmündungen eine Gezeitentafel von Lucinda mitnehmen.

INFORMATIONEN Rainforest & Reef Centre, 142 Victoria St., Cardwell, Queensland; PO Box 74, Cardwell QLD 4849. Genehmigungen: Tel. +61-7-4066 8601.
Fähre von Port Hinchinbrook: Tel. +61-7-4777 8307.
Websites: Nationalparks in Queensland: www.env.qld.gov.au/environment/park
Abfahrtzeiten der Fähren/Buchungen: www.hinchinbrookferries.com.au

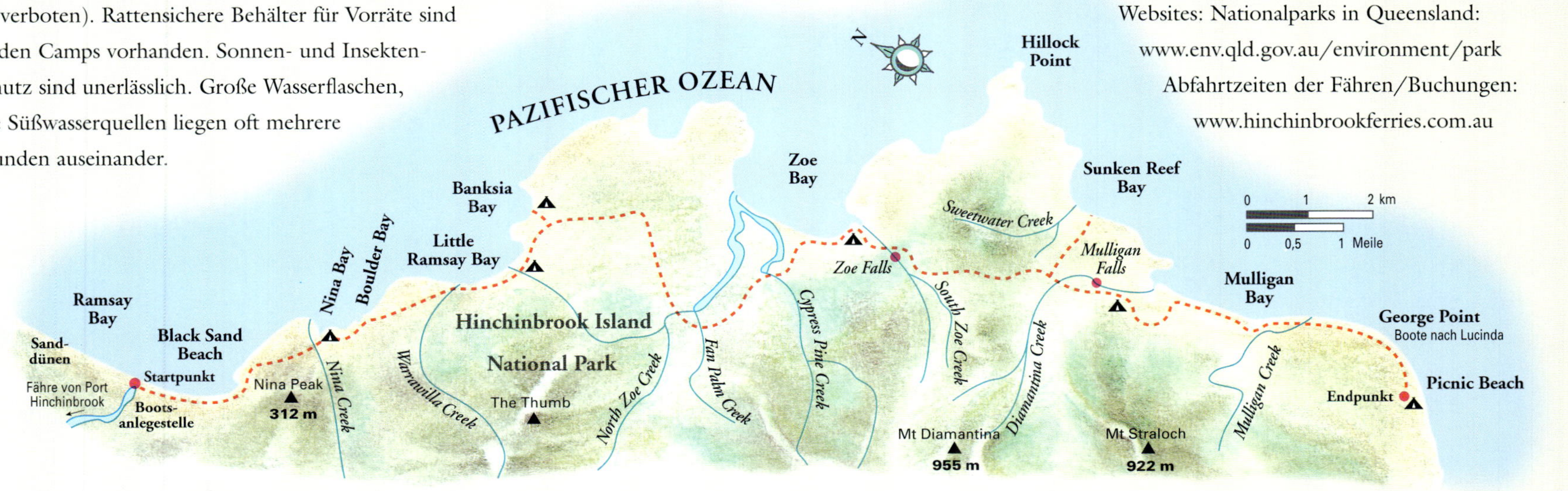

laufen! Es kommt nur selten zu Unfällen, doch sollte man nicht in dieser Gegend bleiben. Im Inselinneren führt der Trail durch relativ ebenes Gelände und man kommt schnell voran. Nach dem North Zoe Creek sind noch einige schmälere Creeks zu durchqueren. Meist muss man sogar die Stiefel ausziehen, denn das Wasser ist hier tief und reißend, sodass man nicht von einem Stein zum nächsten springen kann. Trinkwasser findet man im Fan Palm Creek.

An der herrlichen Zoe Bay liegen die Lagerplätze am Südende des Strands, im Wald versteckt. Es gibt mehrere markierte Stellen und ein Plumpsklo. Leider können Buschratten hier lästig werden. Man muss daher unbedingt darauf achten, dass sie nicht von Nahrungsmitteln angelockt werden und Rucksäcke oder Zelte beschädigen. Ein großer Metallkasten, der in den Zeltplätzen für die Aufbewahrung der Lebensmittel bereitsteht, dient als sicherer Schutz.

Am vierten Tag verläuft der Trail anfänglich parallel zum South Zoe Creek, ehe man diesen etwa 100 m unterhalb eines Wasserfalls durchquert. Die Zoe Falls zählen mit ihrem türkisfarbenen Becken sicherlich zu den malerischsten Plätzen auf der ganzen Insel. Die Ruhe, das klare Wasser und die tropische Landschaft fügen sich zur Szenerie einer geradezu perfekten Idylle. Campen allerdings ist hier nicht erlaubt.

Die Route schwenkt nach links, einen steilen Hang hinauf bis auf Höhe des Wasserfalls, wo Granitplatten die vulkanische Erdgeschichte erzählen. Um das Klettern zu erleichtern, wurden einige Seile bzw. Ketten angebracht. Oben angekommen, kann man sich in einem weiteren romantischen Süßwasserbecken abkühlen. Ist man South Zoe Creek für kurze Zeit gefolgt, windet sich der Trail bergwärts über einen breiten Vorsprung bis zu einem granitenen Sattel. Mit 263 m über dem Meeresspiegel ist dies der höchste Punkt des Trails, so man von den Extra-Touren (wie Mount Bowen) einmal absieht. Ab diesem Punkt wird die Route recht beschwerlich, führt abwärts in steile Rinnen, die plötzlich senkrecht zum Pfad abfallen. Da man ständig bergauf und bergab steigen muss, geht es nur langsam und mühsam voran. Abwärts in Richtung des Diamantina Creek Reservoir, passiert man eine markierte Abzweigung zur Sunken Reef Bay – die willkommene Einladung zum Schwimmen: reine Wegzeit hin und zurück jeweils nur 30 Minuten. Am Strand gibt es auch einen

OBEN *Oberhalb der Zoe Falls bildet der Fluss eine Kette herrlich blauer Süßwasser-Badepools – mit Blick auf Zoe Bay und das „Korallenmeer“.*

Lagerplatz. Ein kleiner Creek am nördlichen Ende führt eventuell Wasser, doch darf man sich nicht darauf verlassen.

Der Thorsborne Trail quert den Diamantina Creek, gewinnt danach für kurze Zeit an Höhe, bis man wieder hinunterwandert zum Fuß der Mullligan Falls: ein weiteres natürliches Becken wie aus dem Bilderbuch, umrahmt von Felsbrocken und steinernen Bänken. Jene oberhalb der Kaskaden sind äußerst rutschig und gefährlich – Vorsicht also!

Der Lagerplatz liegt etwa 100 m entfernt und ist wegen seiner Nähe zu George Point überaus beliebt. Abermals muss man Vorsichtsmaßnahmen gegen die Buschratten treffen. Am besten hängt man die Vorräte an ein Drahtseil zwischen zwei Bäume. Steckt man Plastikflaschen längs auf die Drahtenden, können die Buschratten nicht auf dem Draht entlang balancieren, da sie von den sich drehenden Flaschen herunterfallen.

Bevor man Mulligan Falls am fünften und letzten Tag verlässt, sollte man nicht vergessen, die Trinkwasservorräte für die 7,5 km nach George Point aufzufüllen. Auf der Route geht es 2,5 km durch idyllischen lichten Regenwald und durch weitere fünf Creeks. Moth Creek führt zu bestimmten Zeiten Süßwasser, doch auch hier darf man nicht darauf vertrauen. Am nördlichen Ende der Mulligan Bay verlässt man den Wald und ist am Strand einem sehr beständigen Südwind ausgesetzt.

George Point, das Ziel der Tour, erreicht man nach 5 km in südlicher Richtung am Strand entlang, doch die Wanderung im weichen Sand und bei starkem Gegenwind kann sehr anstrengend sein. In diesem Bereich fehlen auch die Markierungen. Hat man etwa zwei Drittel der Bay geschafft, ist der Mulligan Creek ein letztes Hindernis. Man sollte ihn möglichst bei Ebbe durchqueren, da die Strömungen zu anderen Zeiten gefährlich werden könnten. Vom Strand eröffnet sich ein hervorragender Blick auf zwei Gipfel – Mount Diamantina und Mount Straloch. Auf dem Straloch sieht man die Überreste des amerikanischen Bombers B24 Liberator, der hier 1942 abgestürzt ist.

Haben Sie Ihre Tour erfolgreich beendet, können Sie, während Sie auf die Fähre warten, noch beiläufig eine »Überlebenstechnik« trainieren: das Öffnen einer Kokosnuss, die vom Baum gefallen ist.

GANZ OBEN *Leistenkrokodile können in Queensland gefährlich werden. In der tropischen Hitze regulieren sie ihre Körpertemperatur durch das Öffen des Mauls.*

OBEN *Ein breiter Creek an der Mulligan Bay, eine Stunde vor George Point. Regelmäßig packen Wanderer ihren Rucksack bei Flussdurchquerungen um.*

VOM AORAKI ZUM ARTHUR'S PASS

Schuttmoränen und milchiges Flusseis

Central Southern Alps, Neuseeland

SHAUN BARNETT

Über die gesamte Länge der Südinsel Neuseelands erstreckt sich eine 600 km lange Kette vergletscherter Berge. Im Vergleich mit anderen Gebirgen sind die Gipfel der Southern Alps (Ka Tiritiri o te Moana heißen sie in der Sprache der Maori) zwar nicht außergewöhnlich hoch, aber durchaus dramatisch, da sie so nah am Ozean liegen. Der Aoraki/Mount Cook mit knapp 3800 m Höhe ist nur 30 km von der Küste entfernt. Ein Großteil der Region wird von Gletschern bedeckt, etwa dem Franz Josef und dem Fox, die beide bis fast ans Meer reichen. Westlich der Alpen finden sich tiefe Täler und dichte Regenwälder, im Osten durchziehen breite Flüsse trockenes Grasland.

Zwei Schutzgebiete begrenzen die Central Southern Alps: Aoraki/Mount Cook National Park im Süden und Arthur's Pass National Park im Norden. Beide sind beliebte Ziele für Bergsteiger und Wanderer, doch erst die einsame, selten durchwanderte Berglandschaft zwischen den Parks bietet ultimative Möglichkeiten für ausgedehnte transalpine Abenteuer-Treks. Je nach Route und Wetterbedingungen müssen Wanderer auf Gletscherpassagen, Flussdurchquerungen und selbstständige Orientierung im Busch vorbereitet sein.

Die Touren auf der Westseite sind zweifellos langsam, schwierig und nass. Aber hier trifft man auch auf eine wahrhaft spektakuläre Landschaft, wie etwa das Bracken Snowfield und die Eisplateaus Garden of Eden und Garden of Allah. Im Osten ist man in der Regel schneller unterwegs, die vielen Moränen und Flussbetten können allerdings sehr ermüden und einige größere Flüsse lassen sich nur schwer durchqueren. Eine flotte Gruppe benötigt mindestens zehn Tage, eher aber zwei bis drei Wochen, für die östliche Route. Wer entlang den Westflanken wandert, sollte bis zu vier Wochen einplanen.

Schon seit den 1930er-Jahren versuchten Bergsteiger lange Durchsteigungen der Southern Alps. Im Dezember 1934 überquerten GCT Burns und Max Townsend in nur 13 Tagen acht Pässe zwischen Arthur's Pass und dem Aoraki/Mount Cook mit Aufstiegen von insgesamt 7800 Höhenmetern. In jüngerer Zeit, 1989, durchquerte Michael Abbot sogar die gesamte Südinsel – 1600 km in 130 Tagen!

Heutzutage gibt es in der Regel nur ein oder zwei Versuche pro Jahr. Die meisten Gruppen starten im Norden am Arthur's Pass, da man dort leichter vorankommt und es weniger Eisfelder gibt. Doch spät in der Saison sind die Flüsse wegen der Schneeschmelze kaum noch zu passieren und aufbrechende Spalten machen Gletscher unüberwindbar. Darum sollte man die höheren, stärker vergletscherten Gebiete im Süden zuerst in Angriff nehmen. In der beschriebenen Route habe auch ich mich für den Weg nach Norden entschieden. Ausgangspunkt ist Mount Cook Village, über dem sich die riesige Pyramide des Mount Cook oder auch Aoraki erhebt, des höchsten Berges von Neuseeland (3754 m). Hier bestehen zwei Tourenmöglichkeiten, jeweils mit Gletscherwanderungen. Die meisten Bergsteiger bevorzugen den Tasman Glacier, den mit 29 km längsten Gletscher Neuseelands, während sich nur wenige für den zweitlängsten, den Murchison Glacier, entscheiden. Auf dem Tasman

LINKS OBEN *Im Schneesturm auf dem Weg zur Barker Hut, Arthur's Pass NP.*
LINKS *Der Aoraki/Mount Cook, der mit 3754 m höchste Gipfel der Southern Alps, thront über dem Tasman Glacier – Neuseelands längstem Gletscher.*

GANZ OBEN *Gefrorene Schneeblöcke, die mit der Gletscherbewegung zerbrechen.*
OBEN *Gegenüber Bergwanderern können Keas richtig aufdringlich werden. Diese weltweit einzigen Bergpapageien sind eine endemische Tierart der Südinsel.*

wandert man vorwiegend über Eis und weniger über Schuttmoränen, muss aber schließlich doch die Stirn der Gletscherzunge des Murchison überqueren. Beide Routen beginnen am milchig weißen Gletschersee des Tasman, der vom mikrofeinen Gletscherabrieb milchig trüb ist, und beide Täler sind von einigen der höchsten Spitzen des Landes umgeben – ein beeindruckender Start. Aus dieser Perspektive wirkt der Aoraki/Mount Cook wie ein gigantisches Parallelogramm mit zwei massiven vergletscherten Flanken. Der eisige Gipfel des Mount Tasman sieht mit seinen zwei emporragenden Schultern dagegen wie ein weißer Vogel aus, der die Flügel ausgebreitet hat.

Vom Ende des Murchison Glacier (zwei bis drei Tagestouren) existieren mehrere Routen in das Godley Valley, doch am häufigsten begangen werden Classen und Amarillo Saddle. Für beide Varianten braucht man gute Kletterfertigkeit und Orientierungssinn, bei schlechten Bedingungen können sie dennoch unpassierbar sein. Im Godley Valley nördlich des Aoraki/Mount Cook National Park verschmelzen und teilen sich die silbrigen Bänder des Godley River auf der breiten Talsohle. Von hier aus bleibt nur eine Möglichkeit: die Überquerung des Terra Nova Pass am Talschluss. Der Weg dorthin ist vielleicht der schwierigste Abschnitt der gesamten Tour. Bei Regen oder Schneeschmelze lässt sich der Godley oft nicht durchqueren, Brücken fehlen. Zum Glück bieten gute Hütten Unterschlupf, um auf besseres Wetter zu warten.

Viele Seen, die in den Southern Alps aus Gletschern gespeist werden, lassen sich nur noch schwer umrunden. Der weltweite Rückgang der Gletscher macht sich auch hier mit steigenden Seespiegeln bemerkbar. Den See am Godley Glacier passiert man am besten an seiner rechten Seite (in Fließrichtung gesehen), doch dafür muss der Godley River nochmals durchquert werden. Wählt man die linke Seite, erspart man sich zwar den Fluss, aber Steinschlag und steile Abhänge machen diese Variante sehr gefährlich. Eine Alternativroute durch höheres Gelände erfordert geschickte Streckenwahl und gute Wetterverhältnisse. Der Terra Nova Pass führt vom Ende des Godley Glacier unter dem imposanten Helm des Mount D'Archiac schließlich zum Havelock River, der in den Rangitata River mündet. Hier stehen zahlreiche kleine, aber nach einer Woche Trekking hochwillkommene Hütten. Die St Winfred Hut eignet sich gut als erstes »Vorratslager« – aufgrund der Länge der Tour müssen per Helikopter an zwei oder drei Stellen Vorräte deponiert werden.

Havelock und vor allem Clyde River sind große Flüsse, die nur bei niedrigem oder mittlerem Wasserstand durchwatet werden können. Die Trekker brauchen Routine im Durchqueren fließender Gewässer und dürfen die Unternehmung keinesfalls allein oder bei Hochwasser angehen. In den frühen Tagen der Bewirtschaftung des Berglands ertranken so viele Menschen in diesen Flüssen, dass man eine Zeitlang nur vom »New Zealand Death« sprach.

Eine weitere Gefahr ist lockeres Gestein, aber mit der Zeit gewöhnt man sich an den brüchigen Felsgrund aus Grauwacke und Schiefer, aus denen ein Großteil der Southern Alps besteht. Die pazifische und die indo-australische Kontinentalplatte haben Neuseelands relativ junge Berge in den letzten fünf Millionen Jahren um insgesamt 18 000 m angehoben – mehr als die doppelte Höhe

RECHTS *Ein einsamer Bergwanderer überquert eine Moräne zwischen Murchison Glacier und Tasman Valley im Aoraki/Mount Cook National Park.*

des Mount Everest. Ihre Gesteinsschichten sind jedoch viel stärker erodiert als der Fels des Himalaja und darum sind sie nicht mehr so mächtig. Vom Quellgebiet des Clyde steigt man ein in zwei grandiose Eisfelder an der Westflanke der Alpen: Garden of Eden und Garden of Allah. Vom Perth Col am Talschluss des Frances Valley gelangt man relativ leicht in den ersten »Garten« und kann sich, für die Gletschertour mit einem Seil gesichert, auf die glitzernde Eisfläche begeben. Schaut man zurück, eröffnet sich ein großartiger Blick auf Aoraki/ Mount Cook, und im Norden sieht man die weniger bekannten, aber ebenso beeindruckenden Gipfel vom Whitcombe und Evans.

Die Etappe zwischen den Eisplateaus und dem Wanganui Valley steckt voller Schwierigkeiten. Der Adams River ist ein reißender Fluss, an dem ein schlecht markierter Weg verläuft; der angrenzende Lambert Glacier sowie die Schlucht sind unpassierbar. Es existieren jedoch Trails von den Lambert Tops über die grasbewachsenen, mit lockerem Geröll bedeckten Hänge des Lambert Spur talwärts. Im Wanganui Valley sind die Ufer dicht bewaldet und zwischen gigantischen Schieferfelsen schießt der türkisfarbene Fluss hindurch. Eine weitere Woche ist nun vergangen. Stromaufwärts gibt es eine markierte, aber anstrengende Route; wer sich für diese Variante entscheidet, wird nach ein bis zwei Tagen froh sein, die Smyth Hut (mit natürlichen heißen Quellen!) nicht weit vom Talschluss zu erreichen.

Vom Wanganui Valley gelangt man ins Rakaia Valley (wo man wieder der östlichen Route folgen kann), nachdem das Bracken Snowfield überquert ist. Diesem beeindruckenden flachen Gletscher mit tiefen Spalten unterhalb des Mount Evans folgt ein Abstieg über den Whitcombe-Pass. Ebenso wie einige andere Pässe in den Southern Alps nutzten ihn die Maori auf ihrer Suche nach *pounamu*, Grünstein, einer wertvollen Jadeart, die sie für Waffen und Schmuck verwendeten. Heute bieten die Pfade und Hütten des Whitcombe Valley gute Bedingungen, um rasch nach Norden vorzustoßen. Viele der Hütten wurden in den 1950er- und 60er-Jahren gebaut und schützen vor dem oft wechselhaften, stürmischen Wetter. Die Niederschlagsmenge an der Westküste gehört zu den weltweit höchsten – in einem Whitcombe-Seitental verzeichnete man in einem Jahr die unglaubliche Regenmenge von 16,6 m!

Vom Pass erreicht man in zwei bis drei Tagesmärschen die Frew Hut, Arthur's Pass ist noch eine Woche entfernt. Über den Frew Saddle geht es zum Hokitika River und dann über den Mathias Pass zum Mathias River. Immer näher rücken die Berge des Arthur's Pass, während man die Rolleston Range zum Wilberforce River überschreitet. An seinem Oberlauf beginnen mehrere Wege zum Arthur's Pass National Park, unter ihnen der Whitehorn Pass und der White Col. Beide führen in Seitentäler des Waimakariri River, eines der größten Täler am Arthur's Pass. Hier, in Klondyke Corner, endet die Tour. Die Beine dürfen nun ruhig müde sein, denn man hat 250 km zurückgelegt und zehn Pässe in äußerst schwierigem Terrain überquert.

LINKS *Zwei Bergwanderer beim Aufstieg aus dem Havelock Valley vor der mächtigen Felsenbühne des Mount d'Archiac.*

RECHTS OBEN *Mit dem perfekten Panorama des Mount Kensington hinter sich queren die Bergsteiger das Eisplateau Garden of Allah am Mount Tyndall.*

LAGE Central Southern Alps, Neuseeland.
STARTPUNKT Aoraki/Mount Cook Village.
ENDPUNKT Klondyke Corner (Arthur's Pass).
BESTE ZEIT Die Sommermonate (Dez.–Januar) sind vermutlich am besten, obwohl man im Winter (Juli–Sept.) auch Skitouren unternehmen kann.
CHARAKTER Selbstversorgung und Routenfindung auf der gesamten Tour; in den meisten größeren Tälern gibt es einige markierte Pfade und Hütten, in höherem Gelände jedoch kaum. Die Hütten sind einfach (Betten, Matratzen, Holzofen). Vom Department of Conservation wird eine kleine Gebühr erhoben.
TECHNISCHE ANFORDERUNGEN Man muss sich auf Flüsse mit Hochwasser, auf Gletscher, Hochgebirgspässe und lockere Schuttmoränen einstellen. Diese Tour sollte nur unternehmen, wer Erfahrung mit Hochgebirgswanderungen hat. Mit dem Helikopter müssen mindestens an einer Stelle (vielleicht an zwei oder drei) Vorräte deponiert werden.
AUSRÜSTUNG Robuste Bergstiefel, Steigeisen, Eispickel, Seil und Ausrüstung für Gletscherwanderungen; Zelt und Schlafsack; Thermokleidung und winddichte Kleidung; Gaskocher, Kochutensilien und Verpflegung. Es empfiehlt sich, ein Bergfunkgerät für den Wetterbericht und für Notfälle zu mieten.
ZWEI ROUTENVORSCHLÄGE
Ost-West-Route (3–4 Wochen): Aoraki/Mount Cook Village, Murchison Glacier, Classen Saddle, Godley Valley, Terra Nova Pass, Havelock River, Clyde River, Frances Valley, Perth Col, Garden of Eden, Garden of Allah, Lambert Spur, Wanganui River, Bracken Snowfield, Whitcombe Pass, Whitcombe River, Frew Saddle, Mathias Pass, Rolleston Range, Wilberforce River, White Col, Waimakariri River, Klondyke Corner.
Ost-Route (2–3 Wochen): Aoraki/Mount Cook Village, Murchison Glacier, Classen Saddle, Godley Valley, Terra Nova Pass, Havelock River, Clyde River, McCoy Stream, McCoy Col, Rakaia River, Ragged Range, Mathias River, Rolleston Range, Wilberforce River, White Col, Waimakariri River, Klondyke Corner (Arthur's Pass).
KARTEN Detaillierte topographische Karten (1:50 000) von Terralink NZ für die gesamte Tour.
GEFAHREN Steinschlag, Flüsse mit Hochwasser, Lawinen und Spalten stellen erhebliche Gefahren dar. Das wechselhafte Wetter ist berüchtigt, ebenso überraschend aufkommende Stürme (bis 150 km/h) mit rapide fallenden Temperaturen.

INFORMATIONEN Alpine Guides (Mt. Cook) Ltd., Ring Road, Mount Cook Alpine Village, Tel. +64-3-4351834; Fax 4351898; E-Mail: mtcook@alpineguides.co.nz; www.alpineguides.co.nz
Mount Cook National Park Visitor Centre, PO Box 5, Mount Cook, Tel. +64-3-4351819.
Adventure Consultants/Guy Cotter, E-Mail: info@adventure.co.nz; www.adventure.co.nz

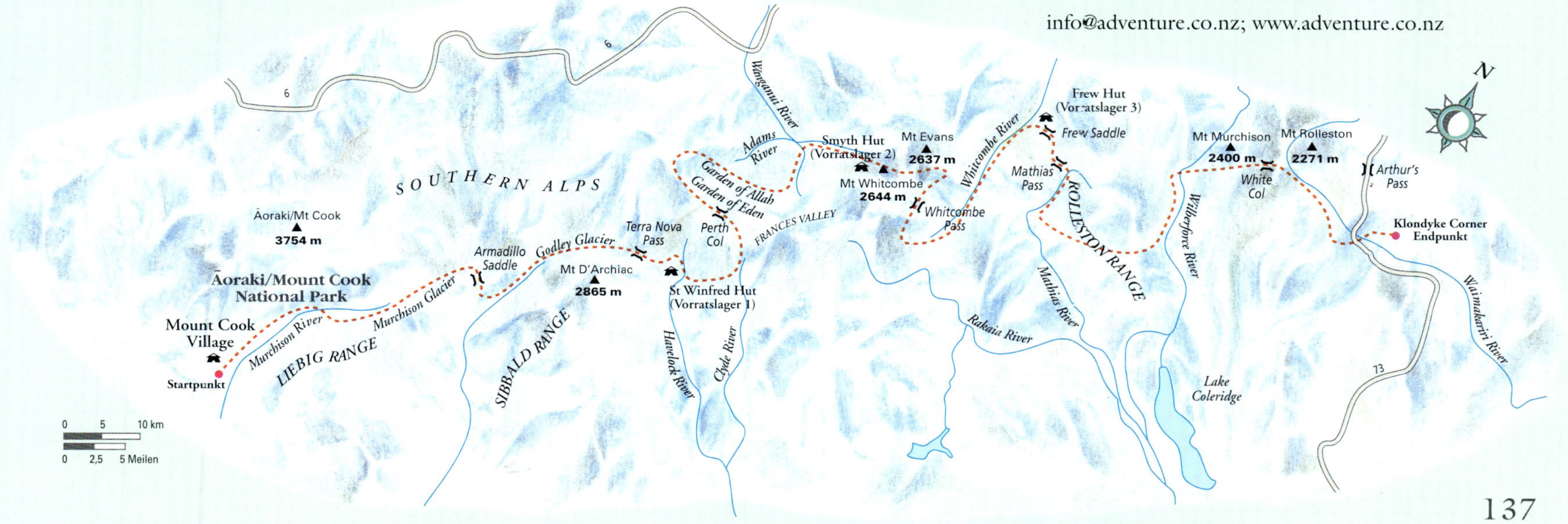

AFRIKA

NORTHERN DRAKENSBERG

Über die Grenze der aufrechten Speere

KwaZulu-Natal, Südafrika

TOM HUTTON

Die »Drachenberge«, wie das Afrikaans-Wort *Drakensberg* zu übersetzen ist, bilden den zerklüfteten Rand des südafrikanischen Hochplateaus. Über 200 km erstrecken sie sich von Norden nach Süden als natürliche Grenze zwischen der Provinz KwaZulu-Natal und dem kleinen Bergkönigreich Lesotho und bieten zahllose Möglichkeiten für Abenteuer-Treks.

Die hier beschriebene Route, für die trainierte Wanderer fünf Tage benötigen, schlängelt sich entlang der Kante des einzigartigen Steilabbruchs in den Drachenbergen. Startpunkt ist der mächtige Sentinel im Royal Natal National Park. Auf ihrem Weg sehen die Wanderer einige der berühmtesten Wahrzeichen des Gebirges: Devil's Tooth, Amphitheatre, Icidi Buttress, Fangs, Saddle, Bell und natürlich den großartigen Cathedral Peak. Dabei geht es durch zerklüftetes Terrain, oft ohne gekennzeichnete Wege, über die Grenze nach Lesotho, durch die Quellgebiete von einigen der größten Flüsse des Landes – und am Ende jedes Tages zur Übernachtung in schützende Höhlen.

Die gesamte Tour ist ein zutiefst beeindruckendes Landschaftserlebnis. Jenseits des gewaltigen *Escarpment* liegt karges Land mit vereinzelten Felsspitzen oder rauschenden Bergbächen, die den Weg vorzeichnen. Doch nach mehreren Ausflügen auf dem beeindruckenden Plateau kehrt man immer wieder zu der großartigen Kulisse des Steilabbruchs zurück. Riesige zerbrochene Basaltfelsen, mit feinsten Spitzen und messerscharfen Graten gespickt, schießen vor den fruchtbaren Hügeln des Lowberg plötzlich in die Höhe, manchmal sogar mehr als 1000 m.

LINKS OBEN *Ein Wanderer auf einer dramatischen Felsnase am Mnweni Pass. An manchen Stellen ist der Steilabbruch 1000 m hoch.*
LINKS *Ein magisch schöner Blick eröffnet sich am berühmten Amphitheatre im Royal Natal National Park auf die Tugela Falls.*
GANZ OBEN *Der Felsüberhang der Mnweni Cave. Sie ist einer der besten Lagerplätze für die Nacht in den Northern Drakenberg.*
OBEN *Diese beängstigend aussehenden Steigleitern führen in zwei Etappen auf das Plateau in des Nähe des Mont-aux-Sources-Amphitheaters.*
VORHERGEHENDE SEITEN *Auf dem Gipfel des Kilimandscharo weht ein eisiger schneidender Wind – wie unzählige Eiskristalle im Kibo-Krater beweisen. Die Kälte kann die Tour der Bergwanderer sehr erschweren.*

Die Trekking-Tour beginnt am Sentinel Office des Nationalparks, wo man auch die erforderlichen Genehmigungen erhält. Ein guter Weg führt aufwärts in Richtung der großen Steilstufe und wird dann zu einem schmalen Pfad, der in Mäandern am Fuß des mächtigen Sentinel verläuft. Mit jedem Schritt wird der Blick schöner und von der Anstrengung lenkt vor allem die Landschaft im Norden ab – die großartigen Felswände des Amphitheatre und die unverwechselbare Spitze des Devil's Tooth.

Die Route quert die Flanken des Sentinel, ehe sie in einer dunklen, schmalen Spalte endet. Hier muss man eine der oft beschriebenen, beängstigend aussehenden Steigleitern zum Plateau unterhalb des Mont-aux-Sources hinaufklettern. In schlechterem Zustand ist der weitere Pfad nach Südosten zum noch jungen Tugela River und entlang seinen Ufern bis zum *Escarpment:* am grandiosen Amphitheatre, wo der Tugela in einem der beeindruckendsten Wasserfälle ganz Südafrikas 948 m in die Tiefe stürzt.

Im Weiteren gewinnt die Tour einen wesentlich wilderen Charakter, denn man verlässt die sicheren Pfade und bewegt sich durch unwegsames Felsland. Nächstes Ziel im Süden ist ein Seitenarm des Kubedu River, dem man flussabwärts bis zu einem größeren Zusammenfluss folgt. An diesem Punkt wendet man sich nach links und steigt im Tal eines zweiten Seitenarms bergauf – ziemlich exakt in östliche Richtung bis in der Nähe des Ifidi Pass am Steilabbruch. Von oberhalb des Passes werden die dramatischen Bergspitzen des Ifidi sichtbar; man wendet sich nach Süden, um den Rücken des Ifidi Buttress zu überqueren. Diesmal gelangt man in der Nähe des Icidi Pass zurück zu dem einzigartigen Kliff im Gebirge und verbringt hier auch die Nacht. Die Schlafhöhle ist eher ein schmaler Felsüberhang an der Nordseite des Passes.

Vom Icidi geht es hinter dem Icidi Buttress weiter nach Süden, ehe man bergab steigt, um noch einen Seitenarm des Kubedu zu überqueren. Die beste Route zielt nach Osten zum Steilabbruch und gewährt dort einen großartigen Blick auf die Felsnadeln »Madonna und ihre Anbeter«. Nun bleibt man an der Felskante, überquert den Fangs Pass und nähert sich dann in südöstlicher

Richtung einem weiteren Fluss. Die Route verläuft stromaufwärts, weiter nach Südosten, doch sobald sich der Fluss nach Süden schlängelt, schwenkt man nach links zum Rwanqa Pass. Die zweite Tagestour ist aber noch nicht beendet: Es geht etwa 300 m den Pass hinab und dann zur Höhle in den Felsen auf der rechten Seite hinauf. Die Höhle ist um einiges geräumiger als am Icidi Pass und wird häufig von Pavianen besucht. Im Gegensatz zu ihren zahmeren Artgenossen, die sich an beliebten Touristenorten tummeln, ergreifen sie hastig die Flucht. Andere häufig anzutreffende Wildtiere sind *dassies,* wie man Klippschliefer hier nennt, und Antilopenarten, etwa die Elenantilope (sie ist die größte) oder auch die kleinere Rehantilope.

Am dritten Tag beginnt man mit einer kurzen Klettertour zurück zum Pass, wo der Pfad in Richtung Westen wieder hinab zum Fluss führt. Man folgt ihm zuerst nach Süden, wendet sich aber dann, um nicht zu viel Höhe zu verlieren, nach Südosten und wieder zum Steilabbruch in der Nähe des Pins Pass. Die Felskante schwenkt nach Osten – der Ausblick, der sich hier über den Mnweni Cutback bietet, zählt zu den schönsten und ergreifendsten der gesamten Tour. Die Zulu haben die Drachenberge *Quathlamba* genannt, was wörtlich übersetzt »Grenze der aufrechten Speere« bedeutet. Blickt man vom Pins Pass am *Escarpment* entlang, versteht man sofort, wie Ehrfurcht gebietend diese »Grenze« auf die Naturvölker gewirkt haben muss.

OBEN *Trekker über einem tiefen Abgrund in der Wand des Amphitheatre. Von hier stürzen die Tugela Falls 614 m in die Tiefe.*

OBEN *Regelmäßig sieht man die schönen Lämmergeier, oder Bartgeier, über dem Steilabbruch kreisen. Sie haben eine Flügelspanne von über 2 m.*

Der Grenze nach Lesotho folgend wandern die Trekker südwärts über einen abgeflachten Kamm – bis zur Felskante bei den Bergspitzen mit dem wundervollen Namen Eeny, Meeny, Miny, Mo. Die beste Route verläuft nun nach Osten in das Senqu Valley, wo man das Quellgebiet des Orange River durchqueren muss, ehe es wieder bergauf zum Mponjwane Tower geht. Dies ist das Reich der Kap-Geier oder auch Fahlgeier. Die oft geschmähten, wunderschönen Vögel leben in ganzen Kolonien in den hohen Felsen am Steilabbruch und lassen sich von der starken Thermik an den Klippen elegant hoch über das Plateau tragen. An bestimmten Stellen meint man den Wind in ihren Flügeln zu hören, und von den umgebenden Felsen ertönt das unheimliche Echo ihrer Schreie. Den Himmel über den Drachensbergen teilen sie sich mit dem Zwergadler, einem an seinen langen, breiten Flügeln erkennbaren Einzelgänger, und dem sehr viel selteneren Lämmergeier oder Bartgeier. Sein Charakteristikum ist der rautenförmige Schwanz. Wiederum liegt im Süden das Ziel der Etappe. Der Weg umrundet in Richtung des Plateaus einige Felssporne. Ein mit Steinhaufen markierter Pfad führt schließlich zurück zum Steilabbruch und hinunter zur Mponjwane Cave auf einem breiten Felsgesims. Sie ist die vielleicht spektakulärste Höhle der gesamten Tour. Den Sonnenaufgang darf man hier keinesfalls verpassen, allerdings wird der vierte Tag sehr lang und die Bergwanderer müssen so früh wie möglich aufbrechen.

Von der Höhle gelangt man über einen undeutlichen Pfad zum Rockeries Pass. Der Blick über die zahllosen Felsen und Bergspitzen ist atemberaubend.

OBEN *Vom Rockeries Pass überblickt man die Täler des Lowberg. Das scheinbar undurchdringliche Escarpment ist noch an anderen Stellen ähnlich aufgebrochen.*

Bereits auszumachen ist auch das unverwechselbare Profil des Bell, der die Trekker am Ende der Tour erwartet – wenngleich noch etliche Stunden entfernt. Wieder verlässt man die Felskante in südwestlicher Richtung und gelangt erneut zum Orange River. Es geht flussabwärts bis zur Einmündung des Koakoatsi und am gewundenen Lauf dieses Flusses zurück nach Osten in Richtung des Nquza Pass. Hier hat das Wasser ein tiefes Tal ausgeschliffen, das sich von Süden nach Norden erstreckt und dessen Westseite ein ausgeprägter Kamm markiert. Hinaufklettern und dann nach Westen wieder abwärts lautet das weitere Programm, das Umrunden von Felsnasen und -spitzen inbegriffen.

Zum Steilabbruch gelangt man oberhalb des Ntonjelana Pass und folgt fortan der Felskante so dicht wie möglich bis zum Cathedral Peak. Jenseits dieses Gipfels erwartet die Wanderer der an diesem Tag letzte Abstieg der Tour zum Mlambonja Pass und in einen Sattel. Dort führt ein Weg nach links hinab bis zur relativ luxuriösen Twins Cave, einer der größten und beliebtesten Höhlen des *Berg*. Der Blick nach Norden ist wirklich umwerfend, und leicht erkennt man Devil's Tooth, der nahe dem Startpunkt der Tour liegt.

Den letzten Tag verbringt man mit dem Abstieg, doch bleibt auch dabei keine Zeit zum Ausruhen, der Pfad ist immer wieder schwierig und vor dem Ende liegt noch ein steiler Weg. Zuerst geht es zum Mlambonja Pass hinauf, dort folgt man dem Flusslauf in ein grünes Tal hinab, in dem Erika und Protea einen großen Kontrast zur kargen Berglandschaft der letzten Tage bilden. Markierungen erleichtern hier in der Regel die Suche nach dem Trail. Auf 2000 m teilt sich der Weg. Die rechte Abzweigung gilt als die bessere. Nach einer Weile fordert ein Aufstieg abermals die Kräfte, ehe man über steile Serpentinen flacherem Gelände zustrebt. Bald darauf verlässt man die Mlambonja Wilderness Area, gute Wegmarken zerstreuen fortan alle Zweifel an der richtigen Route zum ersehnten Cathedral Peak Hotel.

OBEN *Das Quellgebiet des Senqu/Orange River, Mnweni.*
RECHTS *Der zugefrorene Tugela River auf dem Plateau oberhalb des Amphitheatre. Hier, auf 3000 m, ist die Überquerung des »Berg« im Winter sehr hart.*

LAGE Northern Drakensberg, KwaZulu-Natal, Südafrika.

STARTPUNKT The Sentinel, Parkplatz, Royal Natal National Park.

ENDPUNKT Cathedral Peak Hotel.

CHARAKTER Rucksacktour auf einem hohen Bergplateau am Rande eines zerklüfteten, felsigen Steilabbruchs, vorwiegend ohne markierten Weg. Wasser gibt es in den Flüssen, alle übrige Verpflegung muss man dabei haben.

BESTE ZEIT April und Mai (Herbst), Juni (Winter), September und Oktober (Frühjahr) oder November (Frühsommer) gelten als die besten Monate. Im Winter ist es trockener, doch falls es Niederschlag gibt, schneit es.

DAUER 5 Tage (etwa 65 km).

HÖCHSTER PUNKT Am Steilabbruch (3400 m).

TECHNISCHE ANFORDERUNGEN Keine Klettertour, aber eine gute Orientierung und generelle Bergerfahrung sind erforderlich.

AUSRÜSTUNG Gute feste Trekking-Stiefel, wasserdichte/atmungsaktive Jacke und lange Hose, Thermo-Unterwäsche, Sommerkleidung (etwa Shorts) für die Mittagszeit, die das ganze Jahr hindurch heiß sein kann. Vier-Jahreszeiten-Schlafsack und Isomatte sind unerlässlich, in den Höhlen ist ein Biwaksack von Vorteil.

KARTEN Landkarten (1:50 000) bekommt man beim KwaZulu-Natal Nature Conversation Office.

GENEHMIGUNGEN/BESCHRÄNKUNGEN Die Genehmigung erhält man (gegen Gebühr) im Büro des Nationalparks am Ausgangspunkt der Tour.

GEFAHREN Das Wetter kann in den Northern Drakensberg sehr schnell und überraschend umschlagen: Ein heißer Sommertag kann am Mittag Gewitter bringen, danach dichter Nebel kann wie ein Watteteppich die Landschaft einhüllen. Oder die Klarheit eines trockenen Wintermorgens weicht binnen einer Stunde dichtem Schneetreiben: Auf die Launen des Wetters muss man vorbereitet sein.

INFORMATIONEN KwaZulu-Natal Conservation Services, PO Box 13053, Cascades 3202, KwaZulu-Natal, Tel. +27-338451000/2. Website: www.southscape.co.za

KILIMANDSCHARO

Schneegipfel am Äquator

Tansania, Ostafrika

STEVE RAZZETTI

Der Kilimandscharo, Afrikas höchster Berg, liegt rund 300 km südlich des Äquators im Nordosten Tansanias. Majestätisch thront der schneebedeckte Bergriese über der Massai-Steppe, und mit grasenden Giraffen und Elefanten im Vordergrund erscheint uns sein Anblick als der Inbegriff Afrikas. Die Besteigung des »Kili«, wie er liebevoll genannt wird, gehört heute zu den beliebtesten Bergexkursionen der Welt und ist sicherlich der unvergessliche Höhepunkt eines Ostafrika-Abenteuers.

Als die Missionare Ludwig Krapf und Johann Rebmann 1848 von ihren Reisen in Afrika zurückkehrten, wurde allein die Vorstellung, dass es am Äquator Schnee geben könne, von den Geographen als lächerlich abgetan. Doch bald ergaben erste Messungen, dass der Kilimandscharo fast 6000 m hoch ist. Im Oktober 1889 erreichte der Geologe Hans Meyer zusammen mit dem Alpinisten Ludwig von Purtscheller und dem einheimischen Führer Jonas Louwa den Gipfel. In seiner typisch kolonialen Arroganz gab er ihm den Namen »Kaiser-Wilhelm-Spitze«. Erst als Tansania 1961 die Unabhängigkeit erlangte, wurde der höchste Punkt des Kraterrandes in *Uhuru* (»Freiheit«) umbenannt.

Nähert man sich dem Kilimandscharo über die Ebene des Rift Valley, wirkt die bloße Masse des Berges und die Höhe des Gipfels geradezu unfassbar. In den tiefblauen Himmel ragt, schiere fünf Kilometer hoch, ein verschneiter vulkanischer Kegel, dessen elliptische Basis etwas 80 x 40 km misst – eine Fläche größer als London und seine Außenbezirke zusammen. Tatsächlich besteht der Berg aus den erodierten Überresten dreier Vulkane: Kibo (5896 m), Mawenzi (5149 m) und Shira (4006 m). Alle drei hielt man für erloschen, bis der britische Bergsteiger Bill Tilman 1933 im Krater des Kibo Schwefel und Fumarolen entdeckte, was darauf schließen ließ, dass es sich nur um einen untätigen Vulkan handelt. Der heute sichtbare Grad der Erosion lässt vermuten, dass die letzte vulkanische Aktivität viele tausend Jahre zurückliegt. Außerdem glaubt man, dass Shira ursprünglich über 5000 m hoch gewesen sein könnte. Besonders spektakulär erscheint der Mawenzi: Betrachtet man ihn von Stella Point (5700 m) am Kraterrand des Kibo, zeigen sich an der Westseite beeindruckende, 600 m hohe Felsnadeln und Rinnen. Die selten gesehene Ostseite mit Great und Lesser Barranco ist noch dramatischer: ein 1200 m hohes, beinahe senkrechtes Kliff aus Fels und Eis.

In den vergangenen Jahren haben sich die Gletscher auf dem Kilimandscharo drastisch zurückgebildet. Die Eiskuppe im Krater des Kibo, einst über 20 m hoch und mehr als 10 qkm groß, ist fast verschwunden. Wenn die derzeitige Entwicklung anhält, wird es hier in absehbarer Zeit keine Gletscher mehr geben. Ob diese Entwicklung mit dem zurückgehenden Niederschlag, der während der letzten 150 Jahre gemessen wurde, zu tun hat oder mit der Klimaerwärmung in jüngerer Zeit, wird kontrovers diskutiert.

1929 gründete sich der Mountain Club of East Africa (heute als Kilimanjaro Mountain Club bekannt) in der nahen Stadt Moshi. Dieser initiierte ein Hüttenbauprogramm auf dem Berg, das verstärkt wurde, als Präsident Nyerere im Juni 1977 den Kilimanjaro National Park eröffnet hatte. Die Verwaltungsgebäude des Parks befinden sich am Marangu Gate (1800 m), südöstlich des Kibo. Hier beginnt die 64 km lange Marangu-Tour – die »Touristenroute«.

Alle gängigen Trekking-Touren am Kilimandscharo forcieren den Aufstieg, und so trübt – mangels richtiger Akklimatisierung – die Erinnerung an stechende Kopfschmerzen das Kilimandscharo-Erlebnis vieler Bergwanderer. Ein Abstecher auf den Mount Kenya oder den kleineren Nachbarn des Kili, Mount Meru, ist dagegen eine gute Vorbereitung auf den Superlativ. Man darf weder die Auswirkungen der Höhe noch die arktischen Bedingungen auf dem Gipfel am Kibo unterschätzen. Die Mehrzahl der Trekker entscheidet sich für den Weg über die Marangu-Route, und zwar meist in der kürzest möglichen Zeit von fünf Tagen (vier Nächten) von Marangu Gate aus. Am ersten Tag steigen

LINKS OBEN *Ein Lager auf 4850 m während eines Schneesturms am Nachmittag. Im Hintergrund: Arrow Glacier, Western Breach und Breach Wall.*
LINKS *Eine Gruppe überquert das Gipfelplateau des Kibo auf 5750 m, während man im Südwesten den 50 km entfernten Mount Meru erkennt.*

GANZ OBEN *Bergwanderer auf dem Weg durch alpines Heideland auf 3000 m. Bis in diese Höhe quert man auf meist schlammigen Pfaden dichten Bergwald.*
OBEN *Auf dem Dach Afrikas! Der höchste Punkt des Kilimandscharo ist der Uhuru Peak am Kibo-Krater mit 5896 m.*

die Gruppen gewöhnlich zu den Mandara-Hütten (2700 m) auf, am zweiten zu den Horombo-Hütten (3720 m) und am dritten zu den Kibo-Hütten. Dann geht es zum Gipfel hinauf und zurück zum Kibo-Nachtlager. Und am fünften Tag steigt man den ganzen Weg zum Marangu Gate ab. Auf diese Weise erfolgt der Aufstieg dreimal so schnell wie bei dem von erfahrenen Alpinisten empfohlenen Tagesmaximum.

Der Marangu Trail bietet von The Saddle zwar einen fantastischen Blick auf den Kilimandscharo und Mawenzi, doch die Hütten gleichen eher kleinen Dörfern – und man findet kaum Ruhe. Besser wählt man für den Aufstieg eine Kombination aus den anderen Routen und steigt über die Marangu-Route ab.

DIE MACHAME-MWEKA-ROUTE

Unter den möglichen Kombi-Strecken bietet die 69 km lange Machame-Mweka-Route die größte Abwechslung bei einer Dauer von mindestens sechs Tagen. Diese relativ neue Variante der alten Shira-Route beginnt am Ende eines Jeep-Wegs, etwa 7 km von dem Dorf Machame entfernt, mit einem steilen, fünfstündigen Aufstieg über einen schlammigen Dschungelweg zu den Machame-Hütten (3000 m). Bei nassem Wetter kann diese Strecke endlos erscheinen. Ein langsames Tempo erlaubt den Beinen und den Lungen, mit diesem steilen Gelände fertig zu werden, und man kann auch den geheimnisvollen Charme des Dschungels genießen. Zwischen 1800 und 2700 m ist der

OBEN *Im Amboseli Nationalpark in Kenia sieht man durch den heißen Dunst der Steppe den schneebedeckten Kilimandscharo. Rechts The Saddle und Mawenzi.*

RECHTS *Der Blick über die bewaldete Schlucht des Umbwe River, von der Umbwe-Route gesehen, die weiter unten über einen spektakulären Kamm führt.*

Kilimandscharo von dichtem Bergwald überzogen. Unter einem schattigen Dach mächtiger Gelbholzbäume (Yellowwood) und Afrikanischer Bleistiftzedern windet sich der rutschige Pfad bergauf. Halten Sie Ausschau nach den surrealen Silhouetten bezaubernder Baumfarne in feuchten Senken und Rinnen. Leuchtende Balsaminen und Gladiolen verleihen dem undurchdringlichen Gestrüpp beiderseits des Pfads hübsche Farbtupfer. Aus der Heimat kennt man Himbeeren und Holunder, kaum hingegen Vernonien, die »tropischen Gänseblümchen«. Vielfältig sind auch die Vögel und ebenso sangesfreudig – doch man braucht Geduld und ein schnelles Auge, um die lautstarken Bananenfresser, Nashornvögel und Papageien zu Gesicht zu bekommen.

Oberhalb der Machame-Hütten werden folgende Stationen empfohlen: Shira-Hütte (3840 m), Barranco-Hütte (3900 m), Barafu-Hütten (4600 m), Mweka-Hütte (3100 m) über den Uhuru Peak, schließlich hinab zum Dorf Mweka (1500 m) mit einer abschließenden Fahrt nach Moshi. Diese Route bietet vom South Circuit Trail zwischen Wedge Shaped Buttress und Barafu wunderbare Panoramen von Western Breach und Kibo. Obwohl man auf den Stationen zwischen Shira und Barafu nicht an Höhe gewinnt, sind sie durchaus schwierig und die Wanderer können sich ausreichend akklimatisieren.

Wer mit Kompass und Karte umgehen kann, möchte von der Shira-Hütte vielleicht den siebenstündigen Rundweg zum Rand des Shira-Plateaus gehen. Die Pfade sind sehr schlecht und werden kaum begangen, aber von Shira Cathedral hat man einen exzellenten Blick.

Bei klarem Himmel ist die Machwe-Mweka-Dreitagestour an der südlichen Flanke des Kibo ein wahrer Genuss. An der Baumgrenze zwischen 2500 und 3000 m weicht der Dschungel lichtem Wald. Charakteristisch sind afrikanische Rosenholzbäume und gigantisches Johanniskraut sowie gelegentlich riesige Erika. Diese außergewöhnlichen Mitglieder von Pflanzenfamilien, die auch in anderen Teilen der Erde heimisch sind, erreichen Höhen von mehr als 10 m. In trockeneren Gebieten wachsen außerdem afrikanischer Salbei, Sugarbush (eine Protea-Art) und eine duftende Strohblumenart (Helichrysum).

Oberhalb von 3000 m verschwindet der Wald ganz und ein breites Band aus offenem Heide- und Moorland erstreckt sich bis auf etwa 4000 m. Auf diesem Grasland gedeihen wiederum wunderbar fremdartige Formen von gigantischem Kreuzkraut, das diesen Hängen einen bizarren Charakter verleiht. Oberhalb der Barafu-Hütten wartet schließlich ein unbarmherzig steiler Aufstieg zum Kraterrand am Stella Point. Nur wenige Bergwanderer haben jetzt noch Sinn für die Pflanzen- und Tierwelt der alpinen Zone, während sie sich unter dem nächtlichen Himmel Afrikas bergauf quälen.

Viele starten schon vor Mitternacht, nachdem sie in der großen Höhe mit wenig Appetit gegessen und kaum oder gar nicht geschlafen haben. In der sauerstoffarmen Luft denkt man weniger klar und sollte den Inhalt des Rucksacks überaus sorgfältig überprüfen. Obwohl es beim Start beißend kalt sein kann (-10 bis -15 °C), kommt man durch die Anstrengung balds in Schwitzen. Hat man den Kraterrand erreicht, ist man den Elementen schonungslos aus-

gesetzt und muss jetzt den erhitzten Körper unbedingt vor dem Auskühlen im eisigen Wind schützen (gegen Hypothermie zuallererst warm anziehen).

Doch unabhängig von den Bedingungen ist die Wanderung am Kraterrand zum Uhuru Peak ein sensationeller Spaziergang über den Wolken. Nach dem obligatorischen Foto am Gipfelschild sollte man sich Zeit nehmen für die Wunder des Kilimandscharo. Nur wenige Vulkane besitzen einen derart perfekt geformten Krater wie den Reusch. Auf dem Rückweg zum langen Abstieg muss man noch die exquisiten Eisformationen bewundern, die die kalte, feuchte Luft und die äquatoriale Sonne geschaffen haben, und auch die weißen Kristalle, die auf dem Vulkangestein am Kraterrand verwittern, sollte man nicht verpassen.

UMBWE-ROUTE

Erfahrene und akklimatisierte Bergsteiger, die eine größere Herausforderung suchen, bevorzugen vielleicht die etwas kürzere Umbwe-Route (56 km). Iain Allan vom Mountain Club of Kenya beschreibt sie als »eine der besten nicht technischen Bergexpeditionen in Afrika«. Sie ist sehr anspruchsvoll und sollte nur von gut ausgerüsteten Gruppen mit Erfahrung unternommen werden, da einige äußerst steile und ausgesetzte Kletterpassagen in größerer Höhe zu bewältigen sind. Bei schlechtem Wetter ist zudem sorgfältige Orientierung erforderlich, insbesondere beim Abstieg. Der Aufstieg dauert fünf Tage, die letzte steile Etappe zum Uhuru Peak führt über Arrow Glacier und Western Breach.

Vom Ausgangspunkt am Umbwe Gate (1400 m) geht es zu den ersten beiden Stationen Forest Cave (2850 m) und Barranco-Hütte (3950 m). Eine anschließende Tagestour zur Great Barranco Breach Wall und dem Heim Glacier trägt zur weiteren Akklimatisierung bei. (Man könnte auf dieser Route nun weiter über die Barafu-Hütten zum Uhuru Peak aufsteigen.)

Von der Barranco-Hütte, etwa auf Höhe der Baumgrenze, geht es auf der Umbwe-Route nach Norden in das Tal des Bastions Stream und dann sehr steil zur früheren Arrow Glacier Hut (4800 m) hinauf. Die Hütte wurde durch Steinschlag zerstört, weshalb die Bergsteiger selbst ein Lager errichten müssen. Vom Western Breach steigt man dann stetig bis zum Great Western Notch am Kraterrand. Bei gutem Wetter ist hier eine aufregende Klettertour möglich, und mit Eispickel und Steigeisen kann man in den verschneiten Bereichen eine Zeitlang dem enervierenden losen Geröll entkommen. Sind die Bedingungen jedoch nicht ganz so ideal, kann sich die Strecke auf epische Länge ausdehnen. Hinter dem Notch liegen der Krater und der Furtwängler-Gletscher, der überquert oder umrundet werden muss, ehe man zum letzten steilen Aufstieg auf den Uhuru Peak alle Kräfte mobilisiert.

Der Abstieg kann über jede Route erfolgen, die meisten kehren jedoch auf demselben Weg zurück, da sie Zelt und Ausrüstung weiter unten gelassen haben. Vorsicht ist beim schwierigen Abstieg über den Western Breach geboten, da meist früh am Tag Wolken aufziehen und die Orientierung erschweren.

LINKS *Die kalte feuchte Luft und die Äquator-Sonne lassen auf dem Gipfel des Kilimandscharo fantastische Eisgebilde an den Felsen wachsen.*
RECHTS OBEN *Ganz Afrika liegt diesen Wanderern zu Füßen, die den Abstieg vom Uhuru Peak beginnen und sich entlang dem Kibo-Krater Stella Point nähern.*

LAGE Nordosten Tansanias, etwa 500 km von Dar es Salaam entfernt; die nächste Stadt ist Moshi.

BESTE ZEIT Die Monate Januar/Februar und August/September.

STARTPUNKT Machame-Mweka-Route: 7 km vom Dorf Machame entfernt (Südosten des Kilimandscharo); Umbwe-Route: Umbwe Gate.

ENDPUNKT Machame- und Mweka-Routen: Marangu Gate.

DAUER Machame-Mweka-Route: mindestens 6 Tage; Umbwe-Route: 5 Tage.

HÖCHSTER PUNKT Uhuru Peak (5896 m).

TECHNISCHE ANFORDERUNGEN Die größten Schwierigkeiten bereiten die Höhe und das Wetter.

AUSRÜSTUNG Komplette Hochgebirgsausrüstung ist unerlässlich: Gamaschen, Thermoweste und -Leggings, Daunenjacke, wollener Kopfschutz, Schneebrille. Für die Umbwe-Route: Eispickel und Steigeisen.

CHARAKTER Rucksacktour mit Trägern. Die meisten Routen sind gut markiert. Mit Ausnahme der Marangu-Route sind die Hütten nicht für Übernachtungen geeignet und man benötigt ein Zelt. Verpflegung wird meist von den Ausrüstern organisiert, die sich auch um Träger kümmern.

GENEHMIGUNGEN/BESCHRÄNKUNGEN Die Besteigung des Kilimandscharo muss von einer Agentur organisiert werden. Führer und Träger sind im Nationalpark Pflicht. Viele sind ganz hervorragend, einige jedoch leider Betrüger. Für den Aufenthalt innerhalb der Parkgrenzen muss eine geringe Gebühr bezahlt werden.

GEFAHREN Alle Bergwanderer müssen die Symptome der Höhenkrankheit und die notwendigen Maßnahmen zur Behandlung kennen. Die Gefahren darf man keinesfalls unterschätzen. Generell gilt: Bei eindeutigen Symptomen niemals weiter aufsteigen; verschlechtert sich der Zustand, muss man, von welcher Höhe auch immer, absteigen.

KARTEN *Map and Guide to Kilimanjaro,* 1:75 000, von Andrew Wielochowski. *Kilimanjaro Map and Guide,* 1:50 000, von Mark Savage.

INFORMATIONEN Websites:
www.intotanzania.com/safari/tanzania/north/peaks/kilimanjaro/kilimanjaro-01-intro.htm
gorp.com/gorp/location/africa/tanzania/-home_kil-htm

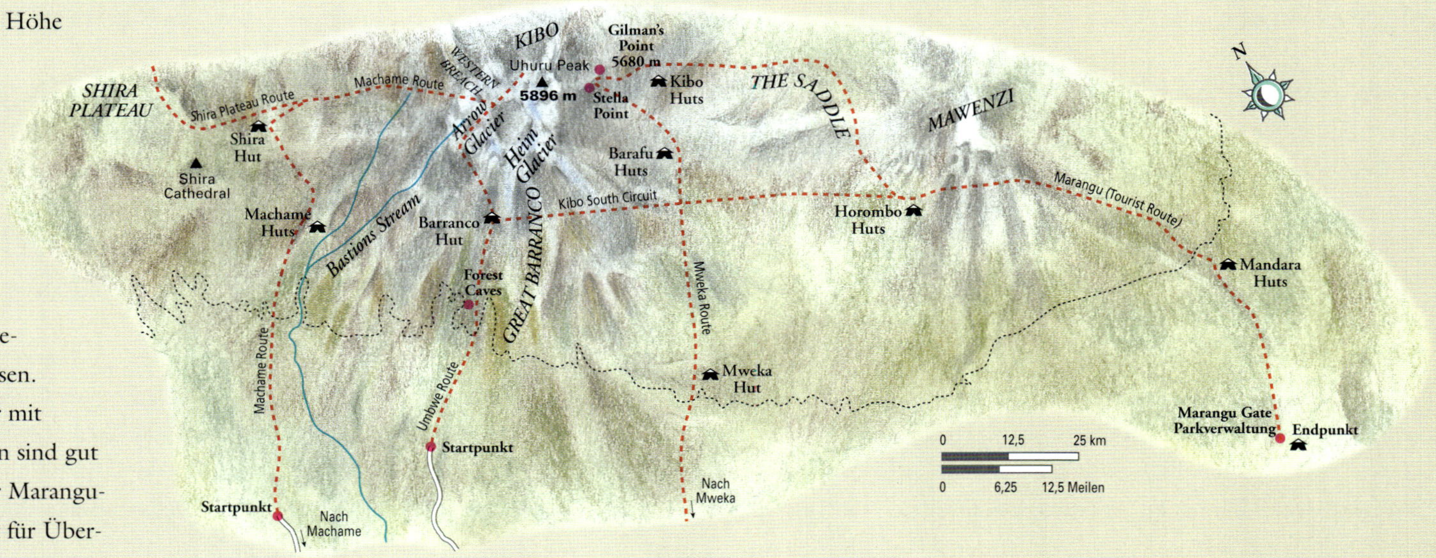

DIE AUTOREN

DEAN JAMES

CHRIS TOWNSEND

DAVE WILLIS

DAVE WYNNE-JONES

STEVE RAZZETTI

DEAN JAMES hat unzählige Trekking- und Kletter-Touren in sechs Kontinenten unternommen, u. a. auch viele Erstbesteigungen im Himalaja, im Karakorum-Gebirge, in den Pamir-Bergen, der Antarktis und Nordamerika. Seine bevorzugten Gebiete sind jedoch die noch weitgehend unerforschten Gletscher am Yukon in Alaska und Kanada, zu denen er schon 23 Expeditionen unternommen hat. Dean schreibt für mehrere britische Outdoor-Magazine und lebt in Wales.

CHRIS TOWNSEND ist Autor von 15 Wander- und Skitourenbüchern – sein letztes Buch, *Crossing Arizona,* beschreibt seine 1290 km lange Tour auf dem Arizona Trail. Außerdem schreibt er jeden Monat für das Magazin *TGO (The Great Outdoors).* Chris ist bereits den Continental Divide Trail und den Pacific Crest Trail gegangen, hat die Wälder Norwegens und Schwedens durchwandert, Kanadas Yukon Territory, als Erster die kanadischen Rockies in ihrer gesamten Länge und alle hohen Berge Schottlands erklommen. Er lebt im schottischen Hochland.

DAVE WILLIS ist ein professioneller Adventure-Sport-Fotograf und Autor. Er lebt und arbeitet im englischen Lake District, wo er auch eine Fotothek besitzt (Mountain Sport Photography). Daves Arbeiten erscheinen regelmäßig in Outdoor-Magazinen und -Broschüren in Großbritannien und im Ausland. Er hat an mehreren Büchern mitgearbeitet und ist außerdem ein qualifizierter Klettertrainer; Gruppen führt er in ganz Europa.

DAVE WYNNE-JONES hat sich bereits als selbstversorgender Kleinbauer versucht und unterrichtet nun in Schulen in Wales und England. Er ist viele Jahre in Großbritannien und in den Alpen geklettert, ehe er seinen Aktionsradius auf Südamerika, Afrika, Jordanien, Russland, Alaska und Pakistan ausweitete. Seine Reiseberichte sind in britischen und amerikanischen Magazinen erschienen und seine Fotos trugen sehr zum Erfolg von *The High Mountains of the Alps* (Diadem Books) bei. Er lebt im englischen Peak District in der Nähe von Manchester.

STEVE RAZZETTI, Trekker, Führer, Fotograf und Autor, verbrachte 1984 seine erste Saison im Himalaja und ist seitdem jedes Jahr mindestens sieben Monate dort. Viele seiner erkundeten Routen sind inzwischen zu Klassikern geworden. Zusammen mit Kollegen wie Doug Scott, Simon Yates, Jon Tinker, Dick Renshaw, Mark Miller und Mike Searle hat er mehrere Reisen in das Karakorum-Gebirge unternommen. Steve schreibt und fotografiert für viele angesehene Outdoor-Magazine. Er ist Autor von *Trekking and Climbing in Nepal* und hat als Koautor und Herausgeber an *Top Treks of the World* mitgearbeitet.

KATE CLOW ist in Großbritannien geboren und aufgewachsen. Ursprünglich strebte sie eine Karriere in der Computerbranche an. Sie verkaufte Computer in Istanbul, lernte türkisch und studierte an der dortigen Universität. Inzwischen ist sie nach Antalya gezogen, an den Fuß des beeindruckenden Taurus-Gebirges, wo sie die alten Straßen zu Fuß und mit dem Motorrad ausgiebig erkundet hat. Sie verfasste eine Broschüre über den Lykischen Weg (Lycian Way) und war Koautorin von *Top Treks of the World.* Kate ist heute nicht nur Autorin und Fotografin, sondern führt auch Trekking-Gruppen über alte Bergpfade.

SEB MANKELOW hat Trekking- und Klettertouren in den Bergen von Nordamerika, Ostafrika, Kirgisien, Indien, Nepal und Tibet unternommen. Die Route über den zugefrorenen Zanskar River hat er bereits dreimal zurückgelegt. Seb studierte Anthropologie und Umweltwissenschaften, forschte im Tal von Zanskar und ist an einem Projekt zur Untersuchung der Wasserwirtschaft der Zanskari beteiligt. Er möchte seine akademische Arbeit in der Ladakh-Region vertiefen und mehr Zeit in den Bergen und mit den Menschen Südasiens verbringen.

JUDY ARMSTRONG stammt aus Neuseeland, lebt aber jetzt im englischen North Yorkshire. Sie hat sich auf Abenteuerreisen und Outdoor-Themen (von Skitouren über Mountainbiking bis Wandern) spezialisiert und wurde bereits ausgezeichnet. Judy war Koautorin von *Top Treks of the World.* Regelmäßig besucht sie Neuseeland und kennt Nord- und Südamerika, Afrika, Europa und Asien von vielen Reisen – zu Fuß, zu Pferd sowie mit Fahrrad, Boot und Bus.

GRAHAM TAYLOR wurde in Sydney (Australien) geboren und ist Ingenieur. Sein Interesse für Outdoor-Themen begann mit Camping- und Wandertouren. Er vertiefte seine Kenntnisse durch Kanufahren, Segeln und Outdoor-Clubs. Als 20-Jähriger fuhr er 1986 mit dem Fahrrad von Hongkong nach Peking. Diesem Abenteuer folgten Kajak-Fahrten bei den Solomon-Inseln und Skitouren in Japan.

KATE CLOW

SEB MANKELOW

JUDY ARMSTRONG

GRAHAM TAYLOR

PADDY DILLON

1997 brach er alleine zu einer 2000 km langen Reise mit dem Pferd durch die Mongolei auf (gesponsert von der Australian Geographic Society). Heute besitzt er eine Abenteuer-Reise-Agentur in Ulaanbaatar in der Mongolei.

PADDY DILLON, in Nordengland geboren und aufgewachsen, ist ein produktiver Outdoor-Autor, der schon über zwei Dutzend Reiseführer geschrieben hat. Jede Grafschaft Großbritanniens hat er durchwandert (und beschrieben) und seine Arbeiten in Irland brachten ihm den Titel »Mr. Walking in Ireland« ein. Paddy war auch in vielen anderen Teilen Europas unterwegs sowie in Nepal, Tibet und den kanadischen Rockies. Mindestens einmal im Jahr arbeitet er als Wander-Guide, außerdem reist er ausgiebig. Zurzeit wohnt Paddy am Rand des Lake District.

RONALD TURNBULL wuchs in Dartmoor im Südwesten Englands auf. Heute lebt der Autor und Fotograf in Südschottland. Sein besonderes Interesse gilt mehrtägigen Rucksacktouren durch raues Gelände. Er ist auf 15 Trails durch Großbritannien gewandert und hat mehrere Bücher darüber geschrieben. Er kennt die Picos de Europa wie auch die Schweizer Alpen. Zu seinen Wunschprojekten für die Zukunft gehören Durchquerungen von Japan und Island.

CHRISTOPHER SOMERVILLE ist ein bekannter englischer Reiseschriftsteller (mit über 25 Buchveröffentlichungen), Reisejournalist und TV-Moderator. Er arbeitet als Korrespondent für den *Daily Telegraph* und schreibt in der *Times* und *Sunday Times* häufig über alternative Reisen – vor allem zu Fuß und in den entlegenen Gegenden Großbritanniens und Europas. Er hat Kreta von einem Ende zum anderem und auch von Norden nach Süden durchwandert.

SVEN KLINGE hat seit seinen Studientagen an der Universität von Sydney eine Reihe von Wander-, Mountainbiking- und Camping-Führern geschrieben. Seine Arbeit als Steuerberater lässt ihm genügend Zeit, die Wildnis Australiens und Neuseelands zu erkunden. Wenn er nicht gerade den australischen Busch fotografiert, beschäftigt sich Sven auch gern mit Physik, Philosophie und klassischer Musik.

SHAUN BARNETT lebt als Autor und Fotograf in Wellington, Neuseeland. Mit seinem Koautor Rob Brown gewann er für das Buch *Classic Tramping in New Zealand* den 2000 Book Award in der Kategorie »Umwelt«. Im Januar 2001 wanderte er mit zwei Kollegen 28 Tage lang 248 Kilometer durch die Southern Alps. Dabei überquerte er 13 Pässe und bewältigte insgesamt über 10 000 Höhenmeter.

TOM HUTTON ist freier Autor und Fotograf mit einer großen Leidenschaft für die Natur und Outdoor-Aktivitäten. Er sucht sich besonders entlegene oder dramatische Gegenden aus, in denen er seine Begeisterung für das Wandern, Klettern, Ski- und Radfahren ausleben kann. Er war Koautor von *Classic Treks*.

RALPH STORER wurde in England geboren, doch lebt er seit seiner Universitätszeit in Schottland. Nach einer Karriere als IT Training Consultant und als Lektor an der Napier University of Edinburgh hat er sich inzwischen ganz dem Schreiben zugewandt. Ralph hat zahlreiche Outdoor-Bücher verfasst, zu denen auch eine Reihe von Bestsellern, vor allem Bergwanderführer für Schottland, zählen. Obwohl er sich im schottischen Hochland besonders wohl fühlt, hat er seine Wanderleidenschaft in letzter Zeit auch auf die grandiosen Berge im Westen der USA ausgedehnt.

RONALD TURNBULL

CHRISTOPHER SOMERVILLE

SVEN KLINGE

SHAUN BARNETT

TOM HUTTON

RALPH STORER

BIBLIOGRAPHIE

NORDAMERIKA

Zu einzelnen Regionen der Rocky Mountains sind Wanderführer im Stein-Verlag sowie aus der Reihe Reise Know How erschienen.

EVOLUTION LOOP

Secor, RJ, *The High Sierra: Peaks, Passes and Trails.* Mountaineers Books, Seattle WA, 1999.

Winnett, Thomas, *Sierra South: 100 Backcountry Trips in California's Sierra Nevada.* Wilderness Press, Berkeley CA, 2001.

HIGHLINE TRAIL

Adkinson, Rod, *Hiking Wyoming's Wind River Range.* Falcon Publishing, Helena MT, 1996.

Woods, Rebecca, *Walking the Winds.* White Willow Publishing, Jackson WY, 1994.

SAWTOOTH TRAVERSE

Lynne Stone, *Adventures in Idaho's Sawtooth Country.* Mountaineers Books, Seattle WA, 1990.

Margaret Fuller, *Trails of the Sawtooth and White Cloud Mountains.* Signpost Books, Edmunds WA, 1998.

ALASKA

Dufresne, Jim, *Hiking in Alaska.* Lonely Planet, Australien, 2000.

Simmerman, Nancy, *Alaska's Parklands.* The Mountaineers, Seattle, 1991.

CONTINENTAL DIVIDE

Wolf, Jim, *Guide to the Continental Divide Trail (Bände 1–7).* Mountain Press Publishing, Missoula, Montana.

Howard, Lynne and Leland, *The Montana/Idaho CDT Guidebook.* Westcliffe Publishers, Englewood, Colorado.

Davis, Lora, *The Wyoming CDT Guidebook.* Westcliffe Publishers, Englewood, Colorado.

Jones, Tom Lorang, *The Colorado CDT Guidebook.* Westcliffe Publishers, Englewood, Colorado.

Julyan, Bob, *The New Mexico CDT Guidebook.* Westcliffe Publishers, Englewood, Colorado.

Berger, Karen, *Hiking the Triple Crown: Appalachian Trail, Pacific Crest Trail, Continental Divide Trail.* The Mountaineers, Seattle, 2001.

Berger, Karen, *Where the Waters Divide: A 3000-Mile Trek Along America's Continental Divide.* The Countryman Press, Woodstock, Vermont, 1997.

SÜDAMERIKA

INKA-TRAIL, PERU

Schneider, Lars, *Inka Tail und Region Cusco.* Outdoorhandbuch, Stein, 2002.

Danbury, Richard, *The Inca Trail.* Trailblazer Publications, London, 1999.

ASIEN

KAÇKAR-MASSIV, TÜRKEI

Smith, Karl, *The Mountains of Turkey.* Cicerone Press.

LUKPE LA, KARAKORUM

Shipton, Eric, *The Six Mountain Travel Books.* Diadem Books, London, 1985; und: The Mountaineers, Seattle (USA).

Shipton, Eric, *Blank on the Map.* Hodder & Stoughton, London, 1938.

Schomberg, RCF, *Unknown Karakoram.* Martin Hopkinson, London, 1936.

Russell, Scott, *Mountain Prospect.* Chatto & Windus, London, 1946.

ZANSKAR RIVER, INDIEN

Crook, J, Osmaston, H., *Himalayan Buddhist Villages.* Motilal Banarsidass, Delhi.

Föllmi, O., *Le Fleuve Gelé.* Editions de la Martinière, Paris, 1996.

BHUTAN, HIMALAJA

Armington, Stan, *Bhutan.* Lonely Planet, Australien.

Crossette, Barbara, *So Close to Heaven, the Vanishing Buddhist Kingdoms of the Himalaya.* Vintage Books, 1996.

MONGOLEI

Mayhew, Bradley, *Mongolia.* Lonely Planet, Australien, 2001

Carruthers, Douglas, *Unknown Mongolia.* AES, London, 1994; Erstausgabe 1913.

Finch, Chris, *Mongolia's Wild Heritage.* WWF, UNDP Mongolia Biodiversity Project, Ulaanbaatar, 1996.

EUROPA

JAKOBSWEG – CAMINO DE SANTIAGO

Höllhuber, Dietrich, *Wandern auf dem spanischen Jakobsweg.* DuMont aktiv, Köln, 2002

Kasper, Michael, *Jakobsweg, Nordspanien.* Outdoorhandbuch, Stein, 2001.

Lozano, Millán, (1999) *A Practical Guide for Pilgrims – the Road to Santiago.* Editorial Everest, Sahagún, Spanien.

PICOS DE EUROPA, NORDWESTSPANIEN

Walker, Robin, *Walks and Climbs in the Picos de Europa.* Cicerone Press, 1989.

Roddis, Miles et al.,*Walking in Spain.* Lonely Planet, Australien, 1999.

PINDOS-GEBIRGE, GRIECHENLAND

Dublin, Marc, *Trekking in Greece.* Lonely Planet, Australien, 1993.

KRETA

Der Griechische Bersteiger Club bereitet einen englischsprachigen Führer für den E4 in Kreta vor!

Aus dem Bergverlag Rother liegen zwei allgemeine Wanderführer zu Kreta vor.

AUSTRALIEN – NEUSEELAND

HINCHINBROOK ISLAND

Klinge, Sven, *Classic Walks of Australia.* New Holland (Australia), Sydney, 2000.

Thomas, Tyrone, *50 Walks in North Queensland World Heritage Wet Tropics and Great Barrier Reef.* Hill of Content, Melbourne, 2000.

MOUNT COOK/AORAKI

Bryant, Elise und Brabyn, Sven, *Tramping in the South Island: Arthur's Pass to Mt Cook.* Brabyn Publishing, Christchurch, 1997.

Beckett, TN, *The Mountains of Erewhon.* Reed, Wellington, 1978.

Pascoe, J., *Unclimbed New Zealand.* Allen & Unwin, London, 1939.

AFRIKA

NORTHERN DRAKENSBERG

Sycholt, August, *A Guide to the Drakensberg.* Struik Publishers, Cape Town, 2002.

Bristow, David, *Best Walks of the Drakensberg.* Struik Publishers, Cape Town, 2003.

Olivier, Willie & Sandra, *The Guide to Hiking Trails.* Southern Book Publishers, Cape Town, 1998.

KILIMANDSCHARO, KENIA

Allan, Iain, *The Mountain Club of Kenya Guide to Mount Kenya and Kilimanjaro.* Mountain Club of Kenya, Nairobi 1998.

VORHERGEHENDE SEITEN *Von den Zanskar-Bergen und dem Himalaja eingeschlossen ist das Zanskar-Tal im Sommer kaum zugänglich. Im Winter friert jedoch ein Großteil des Flusses zu und bietet Wanderern eine abenteuerliche Route.*

BILDNACHWEIS

DIE FOTOGRAFEN

Die Bildrechte liegen bei folgenden Fotografen und/oder ihren Agenturen.
Bildposition: o= oben; ol = oben links; om = oben Mitte; or = oben rechts; u = unten; ul = unten links; um = unten Mitte; ur = unten rechts; l = links; r = rechts; m = Mitte.
Auf Seiten mit nur einem Foto wurde auf die Bildposition verzichtet, ebenso wenn alle Bilder einer Seite von einem Fotografen stammen.
Fotografen: AAPL = AA Photo Library (GM = Guy Marks)
AC = Alex Cunningham
AFP = AFP Photo (JD = Jesus Diges)
AG = Atlas Geographic (OY = Ozcan Yuksec; HO = Hakan Oge)
AH = Andrew Hallburton
AUS = Auscape (CM = Colin Monteath; FL = Ferrero-Labat; HO; LS = Lynne Stone; SW&CC = S Wilby & C Ciantar)
AVH = AL Van Hulsenbeek
AW = Art Wolfe
BBC NHU = BBC Natural History Unit (JMB = Juan Manuel Borrero; PO = Pete Oxford; TV = Tom Vezo)
BH = Blaine Harrington
BP = Brian Pearce
BR/SB = Black Robin Photography (SB = Shaun Barnett)
CP = Carol Polich
CT = Chris Townsend
DDP = DD Photography (RDLH = Roger de la Harpe)
DJ = Dean James
DW = Dave Willis
DWa = David Wall
FM = Frits Meyst
GT = Graham Taylor
HA = Heather Angel
HH = Hedgehog House (NG = Nick Groves)
HS = Hutchison Photo Library (FD = Fiona Dunlop)
JA = Judy Armstrong
JJ = Jack Jackson
JL = John Lloyd
JM = JS Mankelow
LT = Lochman Transparencies (BD = Brett Dennis; RS = Raoul Slater)
MH = Martin Hartley
PA = Photo Access (DR = David Rogers; PW = Patrick Wagner)
PB = Photobank (JB = Jeanetta Baker)
PD = Paddy Dillon
PH = Paul Harris
RS = Ralph Storer
RSm = Robin Smith
RT = Ronald Turnbull
SAP = South American Pictures (KM = Kimball Morrison; TM = Tony Morrison)
SC = Sylvia Cordaiy Photo Library (VG = Vangelis Delegos)
SCP = Sue Cunningham Photography (PC = Patrick Cunningham; AC = Alex Cunningham)
SK = Sven Klinge
SR = Steve Razzetti
TI = Travel Ink (JR = Jeremy Richards)
TMB = The Media Bank (DL = David Larsen; SP = Stephen Pryke)
TR = Terry Richardson
WP = World Pictures (MH = Michael Howard)

Vorsatz		AG/OY
1		HH/NG
2–3		AG/HO
4–5		CT
6–7		TI/JR
8–9		MH
12	ul	AG/HO
	ur	PA/DR
13		BM
14		BR/SB
15	ul	BR/SB
	ur	JA
16	ul	JA
	ur	PA/PW
17		SR
18		JJ
19		SR
20–21		HA
22–39		RS
40		DJ
41	o	BBC NHU/TV
	m	AW
42	o	DJ
	u	HA
43		DJ
44		DJ
45		DJ
46		CP
47		CT

48		CP
49	ul	CT
	r	CP
50		CT
51		CT
52–53		BH
54	o	DW
	u	PH
55	o	PH
	m	DW
56–57		DW
58		DW
59		PH
60	o	BH
	u	SCP/PC
61	o	BH
	m	SCP/AC
62		SCP/AC
63	l	AAPL/GM
	r	SAP/KM
64		DWJ
65		SAP/TM
66–67		BBC NHU/PO
68	o	AG/HO
	u	FM
69	o	FM
	m	TR
70		FM
71		AG/HO

72–73		FM
74–79		SR
80	o	MH
	u	JM
81	o	MH
	m	JM
82–83		JM
84–85		MH
86	o	JA
	u	AUS/CM
87	o	BBC NHU/PO
	m	AUS/CM
88–89		JA
90	o/u	JA
90–91		BM
92		GT
93	o	AVH
	m	GT
94–95		AVH
96		AUS/LS
97		GT
98–99		FM
100		PD
101	o	HS/FD
	m	AFP/JD
102	om	JL
	o	PD
103		PD
104	ol	RS

	ur	PD
105		RS
106		JL
107		RT
108		JL
109		RT
110		BBC NHU/JMB
111		RT
112	o	SC/VD
	u	JA
113	o	SC/VD
	m	JA
114	om	JA
	b	BP
115		JA
116–117		JA
118		PB/JB
119	o	RT
	m	PB/JB
120		WP/MH
121		RT
122		RT
123		AAPL
124–125		HH/CM
126	o	LT/BD
	u	SK
127		LT/BD
128		LT/BD

129		SK
130		SK
131	o	LT/RS
	u	SK
132	o	BR/SB
	u	HH/CM
133	o	DW
	m	HH/CM
134–135		BR/SB
136–137		BR/SB
138–139		AUS/SW&CC
140	o	TMB/DL
	u	DDP/RDLH
141	o	TMB/DL
	m	TMB/SP
142	l	AH
	r	DDP/RDLH
143		TMB/DL
144		TMB/DL
145		TMB/SP
146		AH
147	o	PA/DR
	m	PA/PW
148		AUS/FL
149		AH
150		PA/PW
151		PA/DR
154–155		MH
160		FM

REGISTER

Fett gedruckte Seitenangaben verweisen auf Abbildungen.

*Einer der freudigsten Augenblicke im Leben,
so scheint mir, ist der Aufbruch zu einer langen Reise
in unbekannte Länder. Mit einem großen Entschluss
schüttelt man sie ab, die Fesseln der Gewohnheit,
die Last des ewigen Einerlei, den Schleier so vieler Sorgen
und die Sklaverei des Heims und empfindet
endlich wieder Glück.*

SIR RICHARD FRANCIS BURTON